五南文庫 070

戊戌政變記

梁啟超◎著

五南圖書出版股份有限公司

五南文庫 070

戊戌政變記

作　　者　梁啟超　著
發 行 人　楊榮川
總 編 輯　王翠華
副 總 編　蘇美嬌
責任編輯　邱紫綾
封面設計　童安安

出　　版　五南圖書出版股份有限公司
地　　址　106台北市和平東路二段339號4F
電　　話　（02）2705-5066
傳　　真　（02）2709-4875
劃撥帳號　01068953
戶　　名　五南圖書出版股份有限公司
網　　址　http://www.wunan.com.tw
電子郵件　wunan@wunan.com.tw
法律顧問　林勝安律師事務所　林勝安律師
出版日期　2014年1月初版一刷
定　　價　新台幣350元

國家圖書館出版品預行編目資料

戊戌政變記 / 梁啟超著. -- 初版. --臺北
市: 五南, 2014.01
　面；公分
ISBN 978-957-11-7438-9(平裝)

1.戊戌政變

627.87　　102023809

寫於五南文庫發刊之際——

不信春風喚不回……

在各項資訊隨手可得的今日，回首過往書香繚繞情景，已不復見！網路資訊普及、媒體傳播入微，不意味人們的智慧能倍速增長，曾幾何時「知識」這堂課，也如速食一般，無法細細品味，只得囫圇嚥下！慣性的瀏覽讓知識無法恆久，資訊的光速致使大眾正在減少甚或停止閱讀。由古至今，聚精會神之於「閱」、頷首朗頌之於「讀」，此刻，正面臨新舊世代的考驗。

身為一個投入文化暨學術多年的出版老兵，對此與其說憂心，毋寧說更感慚愧。自身的成長，得益於前輩們戮力出版的各類知識典籍；而今，卻無法讓社會大眾再次感受到知識的力量、閱讀的喜悅、解惑的滿足，這是以傳播知識、涵養文化為天職的吾人不能不反躬自省之責。職此之故，特別籌畫發行「五南文庫」，以盡己身之綿薄。

文庫，傳自西方，多少帶著點啓迪社會大眾的味道，這是歷史發展使然。德國雷克拉姆出版社的「世界文庫」、英國企鵝出版社的「企鵝文庫」、法國伽利瑪出版社的「七星文庫」、日本岩波書店的「岩波文庫」及講談社的「講談社文庫」，為箇中翹楚，全球聞名。華人世界裡商務印書館的「人人文庫」、志文出版社的「新潮文庫」，也都風行一時，滋養了好幾世代的讀書人和知識分子。此刻，「五南文庫」的出版，不再僅止於啓蒙，而是要在眾聲喧嘩、浮躁不定的當下，闢出一方閱讀的淨（靜）土，讓社會大眾能體驗到可藉由閱讀沉澱思緒、安定心靈，進而掌握方向、海闊天空。

五南出版公司一直致力於推廣專業學術知識，「五南文庫」則從立足學術，進而面向大眾。除了古今中外歷久彌新的名著經典，更網羅當代名家學者的心血力作，於傳統中展現新意，連結過去與現在。人生是一種從無到有、從學習到傳承的不間斷過程。出版也同樣隨著人的成長而發生、思索、變化與持續，建構著一個從過去到未來的想像藍圖，從閱讀到理解、從學習到體會、從經驗到傳承、從實踐到想像。吾人以出版爲職責、爲承諾，正是希望能建構這樣的知識寶庫，希冀讓閱讀成爲大眾的一種習慣，喚回醇美而雋永的閱讀春風。

發行人 楊榮川

二〇〇八年六月

導讀：「失敗者」的自白

王超然

一、什麼是「戊戌變法」？

「戊戌變法」，為中國近代史上影響深遠的歷史事件。自鴉片戰爭（一八四〇）後，雖有人已提出吸收西洋長處的看法，但整體而言「變法」尚非思想主流，大部分人並未感到徹底改變的必要性。清廷在甲午戰爭（一八九五年）敗於日本，導致全國震動，「變法」方成為潮流，各方進步人士紛紛提出相關見解，成為思想界令人矚目現象，而最終影響光緒帝下詔變法者，則是康有為。

康有為是廣東南海縣人，原名祖詒，字廣廈，號長素，又號明夷、更生、西樵山人、游存叟、天游化人。他早在甲午戰爭前已上書請求變法，光緒既沒看到，而北京士大夫亦視為「病狂」。康有為不因此放棄，設立學堂宣揚理念，並吸收青年學子以為助手，梁啓超為其中翹楚。他並著書宣揚理念，如《新學僞經考》即引起震撼，梁啓超稱為「思想界一大颶風也」。他又在一八九五年，在北京聯合千餘士人發動「公車上書」，請求朝廷變法，不但獲得光緒注意，也成為推動變法的代表人物之一。康有為在公車上書後，奔走於北京、上海等處，聯繫各方人物，並組學會、辦報紙，一步步擴大他的影響力。

到了一八九八年（光緒二十四年、戊戌年），康有為的相關著作終於呈到宮中，而光緒在讀後深受吸引，決心變法圖強。皇帝在慈禧太后同意下，於六月十一日頒布《明定國是詔》，開啓變法維新，在其後三個月內頒布各項新政，被稱爲「百日維新」。但，慈禧太后在九月二十一日，忽然發動政變，將光緒軟禁在瀛台，又大肆搜捕維新黨人，導致康有爲、梁啓超逃亡國外，而康廣仁、譚嗣同等戊戌六君子被殺，聲勢浩大的新政，就突然終結。到底是什麼原因，使慈禧太后不惜發動政變，強硬地收回政治權力？誰要負擔失敗之責？光緒？康有爲？還是慈禧？成爲世人關注的課題。

梁啓超在政變發生三個月後，於日本著手撰寫《戊戌政變記》，並在一八九九年五月下旬出版。梁啓超爲少數逃至海外的當事人，描述政變相關過程及前因後果，有一定的說服力，此書問世立即風靡海外。民國成立後，學者研究此課題，此書亦爲必備參考書。長久累積之下，世人對「戊戌變法」的看法，大致沿襲梁啓超的觀點，而《戊戌政變記》也成爲一部典範之作。

二、爲何而寫？

爲何梁啓超在流亡海外，百廢待舉之時，還要特地撰寫此書？而且間隔政變發生不到一年時間，即要將全部過程公諸於世？簡單地說，康有爲身爲百日維新的主導者，必須解釋變法爲何失敗，政變爲何發生，以回應各方的質疑，並爲其逃亡海外賦予正當性，不然康有爲的政治生命也許就此終結，而其隨從者也沒有出路，政治主張亦可能隨之銷聲匿跡。

各方對康有爲的責難主要有幾點：慈禧太后在政變後，宣布康有爲的罪狀，爲結黨營私、離經叛道提倡邪說，意圖發動武裝奪權，控制宮廷以實現私人政治企圖，將康有爲等人妖魔化，賦予亂臣賊子的形象。而國內支持革新實力人物，如張之洞，本就不認同康有爲，而政變使新政夭折，施政重回老路，自然對康有爲等人不滿。此外，列強例如英、日，樂見清廷推動革新，並希望參與其中，以加強影響力，故此相當關注百日維新進展。光緒在短時間頒佈大量新措施，日本國內已有批評聲音，認爲康有爲行動過於激烈，恐會激起反彈，而政變發生後，更使此看法成爲主流，而英國國會議員在香港會見康有爲時，也當面批評他行爲過激。梁啓超到日本後，就發現日本輿論認爲康有爲要負主要責任。換言之，整體環境對康黨並不友善，他們必須將局勢扭轉回來。

康、梁二人面對各方質疑，多次透過訪談、發表書面文件，表達他們的看法，但由於分隔兩地無法彙整統一論述。兩人在一八九八年十月先後抵達日本，方有機會統整意見，而《戊戌政變記》的基本架構亦始逐漸成形。康、梁爲在日本進行政治宣傳，決定創辦旬刊《清議報》，於一八九八年十二月二十二日發行第一冊，由梁啓超擔任主筆，向外界宣揚理念，以取得論述的主導權。而《戊戌政變記》部分內容，也自《清議報》第一冊起，連續刊載至一八九九年四月一日發行的第十冊截止。梁啓超在《清議報》第十一冊預告《戊戌政變記》將發行單行本，隨後在一八九九年五月下旬正式出版，造成極大迴響，市面流傳極廣，除日本外，美國、歐洲、香港、新加坡，凡有華人居住之地皆有。至於中國國內，書商不敢公開販售，只能偷帶入境內散布，短時間就達到兩千冊之多。由此可見，此書受關注度，以及帶來的龐大影響力。梁啓超其後又將初版九卷本，修改爲八卷本，成爲最通用的版本，亦即五南書局現今發行的樣式。

三、自白

《戊戌政變記》的成功，著者梁啓超是不可或缺的因素。梁啓超爲廣東新會人，字卓如、任甫，號任公、飲冰子，別號飲冰室主人，是近代的政治家、思想家、學者，也是新聞界的先驅。他在1890年拜康有為為師，成為得力助手。梁啓超在一八九六年擔任宣揚維新理念的《時務報》主筆，成為引領潮流的風雲兒，並使《時務報》成為當時最受矚目的刊物，發行量曾至一萬七仟份之多，讀者群遍及各地。梁啓超歷經戊戌政變後，使其知名度更上一層，而《戊戌政變記》受各界矚目，亦成為可預期之事。

有所謂「歷史是為勝利者而寫」，梁啓超卻要向世人述說他們的「失敗史」，此既是獨創一格之舉，也容易引起物議。梁啓超特地在書中表示，「大丈夫以身許國，不能行其志，乃至一敗塗地，漂流他鄉，則惟當緘口結舌，一任世人之戮辱之，嘻笑之，唾罵之」，現反而出書「自白」，「是豈大丈夫所為哉」？但「事有關於君父之生命，關於全國之國論者，是固不可以默默也」！換言之，梁啓超指出康黨的理念就是保皇救國，即便是「失敗者」，為了大義也要勇於「自白」。當下的「失敗」，只是一時的「小失敗」，但「大丈夫」因此「緘口結舌」，不再為「眞理」奮鬥，才是眞正的「大失敗」。

梁啓超依此主軸，將康有為描述成敢為天下先的「先知」，早在世人瞭解「變法」的必要性前，已如烏鴉一般，向君父述說國家存在危機，如不改革將有大難，卻被世人視為「病狂」。康有為不屈不撓，一再上書宣揚理念，加上甲午戰爭的慘敗教訓，終使國人意識到變法是刻不容緩。光緒皇帝在康有為的啓發下，決心以康建構的變法藍圖，開展維新大業。光緒雖想重用康有為，無奈朝中舊黨人多勢眾，阻礙康有為進入權力核心，他只好隱藏幕後指導新政進行，而光緒也任用康有為的信徒，譚嗣同、楊銳、劉光第、林旭，擔任軍機章京，辦理新政業務，以四章京在內辦理實務，康有為在外指揮的方式，推動新政大業。

守舊派眼見局勢日漸對其不利，一直想找機會反撲，甚至廢掉光緒皇帝。事實上，舊黨的領袖慈禧太后，在新政推動之前，就有罷黜光緒皇帝之意。太后與皇帝兩人關係本就不睦，光緒自小就受到太后的虐待，等到成年親政後，慈禧又眷戀權勢不想放手，仍不時干涉朝政，甚至想換掉光緒另立幼君，達到長久把持朝政的目的，以致帝后關係更加惡化。慈禧一黨早在戊戌維新之前，預謀將光緒誘至天津校閱軍隊，趁機發動兵變另立新君，後來因種種因素考量而停止。但是，慈禧在百日維新期間，接連將支持皇帝的大臣撤換，以削弱帝黨實力，並強迫光緒將康有為調出北京，降低康有為的影響力。故此，光緒的地位非常不穩固，隨時都有下台的可能，而新政亦如同海上孤舟，隨時有覆滅之危。

康有爲等人，爲保全皇帝，避免新政發生變故，由譚嗣同出面，與掌握新軍的袁世凱商議，要求他出兵除掉太后勢力，讓光緒成爲眞正的皇帝。但，袁世凱貪戀權勢，向慈禧的心腹榮祿告密，榮祿再派人轉告慈禧，太后因此在九月二十一日發動政變，致使光緒被囚，康有爲、梁啓超逃亡海外，而譚嗣同等六人被殺。光緒在慈禧發動政變前夕，已感到局勢不妙，先在九月十三日由楊銳帶密詔給康有爲，告知太后有意罷黜他，要康有爲等「設法相救」。光緒又在九月十七日，命林旭帶第二份密詔給康有爲，要他「迅速外出，不可延遲」。故此，康有爲逃亡海外，是因爲身負聖命，負有保全皇帝，延續新政的重大使命！

因此，此書重點在於：第一，康有爲是一個既有遠見，又有學識的「大丈夫」。第二，光緒相當信任康有爲，新政皆出自康有爲構思，猶如維新的「總設計師」，而康有爲也全心輔佐皇帝，絕非「亂臣賊子」。第三，慈禧與光緒長久關係不睦，而慈禧爲保權力，早有罷黜光緒之意，並非因光緒推動新政過激才導致舊黨反撲。故此，外界判斷「新政推動過激導致政變」不正確，因爲舊勢力早有預謀，政變無論新政的推動是和緩或過激都會發生，錯不在康有爲，而是舊黨。最後，梁啓超在書中披露光緒賜給康有爲的兩道密詔，賦予康有爲在海外推動保皇運動的正當性，提高其在外國政府眼中的政治份量。康有爲在逃出國門之初，就對外宣稱他擁有光緒的密詔，身負找尋外援拯救皇帝的聖命，但，外界對此相當質疑。梁啓超以此方式，對外宣示確實有詔書，證明康有爲的重要性，也爲康黨在海外活動增加號召力。換言之，這是一部反擊外界傳言，爲自己行爲正名，並且延續康黨政治生命的著作，具有相當的目的性，絕非單純的「歷史」作品。

四、信史或史料？

由前面敘述，可知《戊戌政變記》產生的背景與過程。它一開始是以新聞連載問世，並在極短時間內即以單行本發售，具有相當濃厚的應急性質。此外，康有爲等人因政變導致倉促逃亡，許多重要文件根本來不及帶走，梁啓超主要是憑藉「記憶」撰寫。但是，「記憶」並非是最可靠的資料，故此書所描述的「歷史」，是否就是「唯一眞相」，是大有問題。梁啓超在二十年後自己評論此書時，有此表示：

> 吾二十年前所著《戊戌政變記》，後之作清史者記戊戌事，誰不認為可貴之史料？然謂所記悉為信史，吾已不敢自承。何則？感情作用所支配，不

免將真跡放大也。（梁啓超，《中國歷史研究法》，〈第五章　史料之搜集與鑒別〉）

梁啓超一方面對此書是有關戊戌事的珍貴「史料」，有十分把握；另一方面，也承認此書並非「信史」，其中摻入許多「感情」因素，以致在描述上有「眞跡放大」的問題，並非具公信力的歷史作品。

梁啓超從「史料」與「信史」兩方面入手，對此書的自我批評，是相當睿智的評論，讀者在閱讀時也必須放在心中。由「史料」的角度而言，在梁啓超所處時代，清廷的宮廷檔案，私人筆記、日記等，並未大量公諸於世，因此學者想要研究戊戌事，《戊戌政變記》是基本參考書。但，隨著相關史料大批問世後，許多學者經過詳細考證後，發現《戊戌政變記》的內容，有相當僞造成份，而論述也帶有主觀性與目的性，顯示梁啓超說，「所記悉爲信史，吾以不敢自承」，並非自謙之詞。

梁啓超雖對此書進行過修改，但其依據標準，並非以學術規範而是時局變化。梁啓超的修改，除了刪改文字，讓敘述更加流暢之外，更重要的是將部分章節，例如初版本的〈第五篇政變之關繫〉，在通用版全部刪除。學者指出梁啓超因時勢變化，認爲此部分已沒有必要，而有此更動。此外，梁啓超在初版對慈禧有許多人身攻擊之處，並編造許多慈禧虐待光緒的小故事，將她極端的妖魔化。梁啓超將宮闈事傳播於外，又極力詆毀慈禧，在當時有許多人無法認同，甚至康黨內部都有異見。隨著慈禧、光緒過世，清廷朝向立憲的道路確定，梁啓超也與國內政治勢力達成和解，沒必要在文字上多添事端，而修改對慈禧的描述。因政治局勢轉變修改內容，也顯示在政變發動原因上。梁啓超在初版時，將政變發動之因，歸於慈禧、榮祿主動，而袁世凱是被迫倒向舊黨，基本上是忠於光緒的。到通用版時，政變之因，已經轉換成袁世凱爲遂行私欲，主動向榮祿告密，透露光緒要他清君側，而導致舊黨發動政變，由此將慈禧的罪狀降低，而袁世凱成爲主要壞人。由此可知，梁啓超承認「感情作用」支配了全書的構成，「不免將眞跡放大」，也是誠實之說。

即便梁啓超做了修改，「眞跡放大」的問題依舊存在，最主要關鍵在於「感情作用」，亦即康、梁的師生之情，導致此書終究不能成爲「信史」，而只能是「史料」。梁啓超撰寫此書，就是爲老師康有爲進行形象保衛戰，將他塑造成主張變法維新的唯一巨星，沒有康有爲，就沒有戊戌維新，將維新運動簡化成康有爲的個人奮鬥史。如此敘述方式，與眞正的歷史面貌有相當差距。簡單地說，清朝並非直到光緒啓用康有爲才有大作爲，實際上新政自一八四〇年後就在陸續進行。此外，康有爲並非主張變法的唯一聲音，事實上主張變法者眾多，但在梁啓超的論述中，只能看到康有爲的存在。

此外，梁啓超爲了讓故事更圓滿，不僅將「眞跡放大」，尚有掩蓋與僞造。例如，「戊戌六君子」原型，出自《戊戌政變記》，描述譚嗣同等人是康有爲忠實信徒，受其指導推動新政事業，甚至犧牲生命。這個至今耳熟能詳的故事，其中有許多不實處，如所謂「六君子」並非都是康黨，如楊銳是陳寶箴推薦給光緒的，並與張之洞關係密切。換言之，戊戌維新除了康黨外，亦有其他政治勢力參與，絕非康有爲一人主導。此外，書中記載的兩份光緒密詔，也被學界證明經康有爲的篡改與僞造。亦即，最能凸顯康有爲的重要性，以及延續他政治身價的「聖旨」是假的。故此，梁啓超的《戊戌政變記》，只能當作瞭解這段歷史的參考之一，但絕不能當作是唯一可信的歷史作品。

五、結語

讀者在今天於《戊戌政變記》中，依然能感受到隱含在字裡行間的激昂熱情，與雄心壯志，此書並非「信史」，卻是政治宣傳典範。我們對康有爲的政治熱情，與承受的苦難，可致上敬意與同情，但對爲政治目的，而建構僞造與誇大的「歷史」，則必須警惕與批判。「政治」與「歷史」之間，必須保有一定的距離，這是要嚴肅面對的課題。

康有爲開啓以激烈手段改造中國的模式，由孫中山、毛澤東等一路下來，無不以激昂的情緒，高尚的理想，希望將中國各項難題一次解決，使中國進入長達百年的革命世紀。現在，即便進入「告別革命」年代，但無論是「改革」或「革命」，依舊擁有一定魔力，成爲政治行動者的指揮棒，用以挑動群眾的情緒與熱情。對照臺灣二十多年來變化，《戊戌政變記》可提醒讀者，改革光憑熱情，而缺乏耐心與策略，或許會事倍功半，也值得讀者再三思考。

目次

附錄……199

第一篇　改革實情

第一章　康有爲嚮用始末

孟子曰：「入則無法家拂士，出則無敵國外患者國恆亡。」信哉言乎？吾國四千餘年大夢之喚醒，實自甲午戰敗割台灣償二百兆以後始也。我皇上赫然發憤，排群議，冒疑難，以實行變法自強之策，實自失膠州、旅順、大連灣、威海衛以後始也。自光緒十四年，康有爲以布衣伏闕上書。極陳外國相逼，中國危險之狀。並發俄人蠶食東方之陰謀，稱道日本變法致強之故事，請釐革積弊，修明內政，取法泰西，實行改革。當時舉京師之人，咸以康爲病狂，大臣阻格，不爲代達。康乃歸廣東開塾講學，以實學教授弟子，及乙未之役，復至京師。將有所陳，適和議甫就，乃上萬言書，力陳變法之不可緩。謂宜乘和議既定，國恥方新之時，下哀痛之詔，作士民之氣，則轉敗爲功，重建國基，亦自易易。書中言改革之條理甚詳。既上，皇上嘉許，命閣臣鈔錄副本三分，以一分呈西后，以一分留乾清宮南窗，以備乙覽，以一分發各省督撫會議。康有爲之初承宸眷，實自此始。時光緒二十一年四月也。

五月，康有爲復上書言變法之先後次第，蓋前書僅言其條理，未及下手之法也。是時守舊大臣，已有妒嫉康之心，復阻格不爲代奏。於時師傅翁同龢，兼直軍機，性行忠純，學問極博。至甲午敗後，知西法不能不用，大搜時務書而考求之，見康之書大驚服。時翁與康尚未識面，先是康有爲於十四年奏言日人變法自強，將規朝鮮及遼台，及甲午大驗，翁同龢乃悔當時不用康有爲言，面謝之。後乃就見康商搉治法，康爲極陳列國並爭、非改革不能立國之理，翁反覆詢詰，乃益豁然。索康所著之書，自是翁議論專主變法，比前若兩人焉。翁者皇上二十年之師傅，最見信用者也。備以康之言達皇上，又日以萬國之故，西法之良，啓沃皇上。於是皇上毅然有改革之志矣。其年六月，翁與皇上決議擬下詔敕十二道，布維新之令，既而爲西后所覺察。乃撤翁毓慶宮行走，面皇上信用之汪鳴鑾、長麟等皆褫革，自是變法之議中止。而康亦出都南歸，復遊歷講學於江南、上海、廣東、廣西、浙江之間。光緒二十三年十二月，德人占踞膠州之事起，康馳赴北京，上書極陳事變之急，其書曰：

具呈工部主事康有為，為外釁危迫，分割洊至，急宜及時發憤，革舊圖新，以少存國祚，呈請代奏事。竊自馬江敗後，法人據越南，職於此時隱憂時事，妄有條陳，發俄日之謀，指朝鮮之患，以為若不及時圖治，數年之後，四鄰交逼，不能立國。已而東師大辱，遂有割台賠款之事，於是外國蔑視，海內離心，職憂憤迫切，謬陳大計。及時變法，圖保疆圉，妄謂及今為之，猶可補牢。如再徘徊遲疑，苟且度日，因循守舊，坐失時機，則外患內訌，間不容發，遲之期月，事變之患，旦夕可致。後欲悔改，不可收拾，雖有善者，無如之何？危言狂論，冒犯刑誅，荷蒙皇上天地之量，俛採芻蕘，下疆臣施行，以圖臥薪嘗膽之治，職誠感激聖明，續有陳論，格未得達。旋即告歸，去國二年，側望新政。而洩沓如故，坐以待亡，土室撫膺，閉門泣血。頃果有德人強據膠州之事，要索條款，外廷雖不得其詳，職從海上來，閱外國報，有革李秉衡索山東鐵路、礦務，傳聞章高元及知縣，已為所擄。德人修造砲台、兵房，進據即墨，並聞德王胞弟親統兵來。俄日屯買吾米各七百萬。日本議院日日會議。萬國報館議論沸騰，咸以分中國為言。若箭在弦，省括即發，海內驚惶，亂民蠢動。職誠不料昔時憂危之論，倉猝遽驗於目前，更不料盈廷緘默之風，沉痼更深於昔日。瓜分豆剖，漸露機牙，恐懼回惶，不知死所。用敢萬里浮海，再詣闕廷，竭盡愚誠，惟皇上自垂覽而採擇焉。夫自東師辱後，泰西蔑視，以野蠻待我，以愚頑鄙我，昔視我為半教之國者，今等我於非洲黑奴矣，昔憎我為倨傲自尊者，今則侮我為聾瞽蠢冥矣。按其公法均勢保護諸例，只為文明之國，不為野蠻，且謂剪滅無政教之野蠻，為救民水火。故十年前吾幸無事者，泰西專以分非洲為事耳，今非洲剖訖，三年來泰西專以分中國為說，報章論議，公託義聲，其分割之圖，傳遍大地，擘畫詳明，絕無隱諱。此尚虛聲，請言實踐，俄、德、法何事而訂密約，英、日何事而訂深交。土希之役，諸國何以惜兵力而不用，戰艦之數，諸國何以競厚兵而相持，號於眾曰保歐洲太平。則其移毒於亞洲可知，文其言曰：保教保商，則其垂涎於地利可想。英國《泰晤士報》論德國膠事，處置中國，極其得宜。譬猶地雷四伏，藥線交通，一處火燃，四面皆應。膠警乃其借端，德國固其嚆矢耳。二萬萬膏腴之地，四萬萬秀淑之民，諸國眈眈，朵頤已久，慢藏誨盜，陳之交衢，主者屢經搶掠，高臥不醒，守者袖手熟視，若病青狂，唾手可得，俯拾即是。如蟻慕膻，聞風並至。失鹿共逐，撫掌歡呼。其始壯夫動其食指，其後老稚亦分杯羹。諸國咸來，並思一臠，昔者安南之役，十年乃有東事，割台之後，兩載遂有膠州。中間東三省龍州之鐵路，滇粵之礦，土司野人山之邊疆尚不計矣。自爾之後，赴機愈急，蓄勢益緊，事變之來，日迫一日。教堂遍地，無刻不可啓釁，礦產遍地，無處不可要求，骨肉有限，剝削無已，且鐵路與人，南北之咽喉已絕，疆臣斥逐，用人之大權亦失。浸假如埃及之管其戶部，如土耳其之柄其國政，樞垣總署，彼皆可派其國人，公卿督撫，彼且將制其死命。鞭笞親貴，奴隸重臣，囚奴士夫，蹂踐民庶，甚則如土耳其之幽廢國主，如高麗之禍及君後，又甚則如安南之盡取其土地人民，而存其虛號，波蘭之宰割均分，而舉其國土。馬達加斯加以挑水起釁而國滅，安南以爭道致命而社墟，蟻穴潰堤，釁不在大。職恐自爾之後，皇上與諸臣，雖欲苟安旦夕，歌舞湖山而不可得矣。且恐皇上與諸臣求為長安布衣而不可得矣。後此數年，中智以下，逆料而知，必無解免，然其他事，職猶可先言之。若變辱非常，則不惟輟簡而不忍著諸篇，抑且泣血而不能出諸口，處小朝廷而求活，則胡銓所羞，待焚京邑而憂惶，則董遇所鄙。此則職中夜屑涕，仰天痛哭，而不能已於言者也。夫謂皇上無發憤之心，諸臣無憂國之意，坐以待斃，豈不宜然。然伏觀皇上發憤之心，昭於日月，密勿重臣，及六曹九列之賢士大夫，憂國之誠，癯顏黑色。亦且暴著於人，顧日言自強，而弱日甚，日思防亂，而亂日深者何哉？蓋南轅而北轍，永無稅駕之時，緣木而求魚，絕無得魚之日，職請質言其病，並粗舉治病之方。仲虺之誥曰：兼弱攻昧，取亂侮亡。吾既自居於弱昧，安能禁人之兼攻。吾既日即於亂亡，安能怨人之取侮？不知病所，而方藥雜投，不知變症，而舊方猶守，其加危篤固也。職請以仲虺之說明之，歐洲大國，歲入數千萬萬，練兵數百萬，鐵船數百艘，新藝新器歲出數千，新法新書歲出數萬，農、工、商、兵、士皆專學，婦女童孺，人盡知書。而吾歲入七千萬，償款乃二萬萬，則財弱。練兵、鐵艦無一，則兵弱。無新藝、新器之出，則藝弱。兵不識字，士不知兵，商無學，農無術，則民智弱。人相偷安，士無俠氣，則民心弱。以當東西十餘新造之強鄰，其必不能禁其兼者勢也。此仲虺兼弱之說可畏也。大地八十萬里，中國有其一；列國五十餘，中國居其一。地球之通自明末，輪路之盛自嘉道，皆百年前後之新事，四千年未有之變局也。列國競進，水漲堤高，比較等差，毫釐難隱。故管子曰：國之存亡，鄰國有焉。眾治而己獨亂，國非其國也，眾合而己獨孤，國非其國也。頃聞中朝諸臣，狃承平台閣之習，襲簿書期會之常，猶復以尊王攘夷，施之敵國，拘文牽例，以應外人，屢開笑資，為人口實，譬凌寒而衣絺綌，當涉川而策高車，納侮招尤，莫此為甚。咸同之時，既以昧不知變而屢挫矣，法日之事，又以昧不知變而有今日矣。皇上堂陛尊崇，既與臣民隔絕，恭親王以藩邸議政，亦與士夫不親，吾有四萬萬人民，而執政行權，能通於上者，不過公卿台諫督撫百人而已。自餘百僚萬數，無由上達，等於無有。而公卿台諫督撫，皆循資格而致，既已裹足未出外國遊歷，又以貴倨未近通人講求。至西政新書，多出近歲，諸臣類皆咸同舊學。當時未有，年耄精衰，政事叢雜，未暇更新考求，或竟不知萬國情狀。其蔽於耳目，狃於舊說，以同自證，以習自安，故賢者心思智慮，無非一統之舊說，愚者驕倨自喜，實便其尸位之私圖。有以分裂之說來告者，傲然不信也。有以侵權之謀密聞者，瞢然不察也。語新法之可以興利，則瞋目而詰難。語變政之可以自強，則掩耳而走避。老吏舞文，稱歷朝之成法，悚然聽之者，蓋十而六七矣。迂儒帖括，詡正學之昌言，瞿然從之者又十而八九矣。無一事能究其本源，無一法能窮其利弊，即聾從昧，國皆失目，而各國遊歷之人，傳教之士，察我形勝，測我盈虛，言財政詳於度支之司，談物產精於商局之冊，論內政或較深於朝報，陳民隱或更切於奏章。舉以相質，動形窘屈，鄭昭宋聾，一以免患，一以召禍。況各國競騖於聰明，而我岸然自安其愚闇。

將以求免，不亦難乎？此而望其盡掃舊弊，力行新政，必不可得，積重難返，良有所因，夜行無燭，瞎馬臨池，今日大患，莫大於昧。故國是未定，士氣不昌，外交不親，內治不舉，所聞日孤，有援難恃。其病皆在於此，用是召攻，此仲虺攻昧之說可懼也。自台事後，天下皆知朝廷之不可恃。人無固志，奸宄生心，陳涉輟耕於隴上，石勒倚嘯於東門，所在而有，近邊尤眾，伏莽遍於山澤，教民遍於腹省。今歲廣西全州、灌陽、興安、東蘭、那地、泗城，雹白已見告矣。匪以教為仇讎，教以匪為口實，各連枝黨，發作待時，加以賄賂昏行，暴亂於上，胥役官差，蹙亂於下，亂機遍伏，即無強敵之逼，揭竿斬木，已可憂危。況潢池盜弄之餘，彼西人且將藉口興師，為我定亂。國初戡流賊而定都京邑，俄人逐回匪而占踞伊犁，兵家形勢，中外同揆。覆車之轍，可為殷鑑。此仲虺所謂取亂者可懼也。有亡於一舉之割裂者，各國之於非洲是也。有亡於屢舉之割裂者，俄、德、奧之於波蘭是也。有盡奪其政權而一旦亡之者，法之於安南是也。有遍據其海陸形勝之地，而漸次亡之者，英之於印度是也。歐洲數強國，默操成算，縱橫寰宇，以取各國。殷鑑具存，覆車可驗，當此主憂臣辱之日，職亦何忍為傷心刺耳之談。

顧見舉朝上下，相顧嗟呀，咸識淪亡，不待中智，群居嘆息，束手待斃。耆老仰屋而咨嗟，少壯出門而狼顧。並至言路結舌，疆臣低首，不惟大異於甲申，亦且迥殊於甲午。無有結纓誓骨，慷慨圖存者。生機已盡，暮色慘淒，氣象如此，可駭可憫，此真自古所無之事，夫至於公卿士庶，偷生苟活，候為歐洲之奴隸，聽其犬羊之封縛。哀莫大於心死，病莫重於痺癆，欲隕之葉，不假於疾風，將萎之華，不勞於觸手，先亡已形。此仲虺所謂侮亡之說尤可痛也。然原中朝敢於不畏分割，不憚死亡者，雖出於昧，亦由誤於有恃焉。夫欲託庇強鄰，藉為救援，亦必我能自立。則犄角成勢，彼乃輔車，若我為附枝，則臥榻之側，豈容鼾睡。齊王建終傷松柏，李後主終坐牽機。且泰西兵事，決勝乃戰，一旦敗績，國可破滅。俄、德力均，豈肯為我用兵，或敗大局哉？此又中智以下咸知難恃者也。如以泰西分割亞洲，連雞互忌，氣勢甚緩，突厥頻割大藩，尚延殘喘，波斯盡去權利，猶存舊封，中國幅員廣袤，從容分割，緩緩支持，可歷年所，執政之人，皆已耄老，冀幸一身可免，聽其貽禍將來。然突厥之回教，專篤悍強，西人所畏，吾則民教柔脆而枯朽，波斯之國主，紆尊遊歷西國盡遍，吾雖親王宰相，閉戶而潛修，分局早定，民心已變，瑞典使臣之奔告，各國新報之張皇，亞洲舊國，近數年間，歲有剪滅，近且殆盡，何不取鑑之？禍起旦夕，畢命盡喪，而謂可延年載，老人可免，此又掩耳盜鈴，至愚自欺之術也。譬巨室失火，不操水呼救，而幸火未至，入室竊寶，屋燼身焚，同歸於盡而已。故職竊謂諸臣即不為忠君愛國計，亦當自為身謀也。皇上遠觀晉宋，近考突厥，上承宗廟，孝事皇太后。即不為天下計，獨不計及宋世謝後簽名降表，徽欽移徙五國之事耶？近者諸臣泄泄，言路鉗口，且默窺朝旨，一切諱言，及事一來，相與惶恐，至於主辱臣死，雖粉身灰骨，天下去矣，何補於事，不早圖內治，而十數王大臣俛首於外交，豈惟束手，徒增恥辱而已。不豫修於平時，一旦臨警，張皇而求請，豈能彌縫，徒增賠割而已。故膠警之來，不在今日之難於對付，而在向者之不發憤自強也。勢弱至此，豈復能進而折衝，惟有急於退而結網，職不避斧鉞，屢有所陳，今日亦不敢言自保，言圖存而已。亦不敢言圖存，即為偏安之謀，亦須早定規模已耳，殷憂所以啓聖，外患所以興邦。不勝大願，伏願皇上因膠警之變，下發憤之詔，光罪己以勵人心，次明恥以激士氣，集群材咨問以廣聖聽，求天下上書以通下情，明定國是。與海內更始，自茲國事付國會議行，紓尊降貴，延見臣庶，盡革舊俗，一意維新，大召天下才俊，議籌款變法之方；採擇萬國律例，定憲法公私之分；大校天下官吏賢否，其疲老不才者，皆令冠帶退休；分遣親王大臣及俊才出洋，其未遊歷外國者，不得當官任政；統算地產人工，以籌歲計豫算；察閱萬國得失，以求進步改良；罷去舊例，以濟時宜；大借洋款，以舉庶政。若詔旨一下，天下雷動，上氣奮躍，海內聳望。然後破資格以勵人材，厚俸祿以養廉恥，停捐納，汰冗員，專職司，以正官制，變科舉，廣學校，譯西書以成人材。懸清秩功牌，以獎新藝新器之能，創農政商學，以為阜財富民之本。改定地方新法，推行保民仁政，若衛生濟貧，潔監獄，免酷刑，修道路，設巡捕，整市場，鑄鈔幣，創郵船，徒貧民，開礦學，保民險，重菸稅，罷釐徵，以鐵路為通，以兵船為護。夫如是則庶政盡舉，民心知戴。但天下人心離散，當日有恩意慰撫，以團其情，志士之志氣劣弱，當激以強健豪俠，以壯其氣。然後盡變民兵，令每省三萬人，而加之訓練，大購鐵艦，須沿海數十艘，而習以海戰。詔令日下，百舉維新，誠意諄懇，明旨峻切，料所有新政詔書，雖未推行，德人聞之，便當退舍。但各國兵機已動，會議已紛，宜急派才望素重，文臣辯士，分遊各國，結其議員，自開新報之館，商保太平之局，散布論議，聳動英、日，職以為用此對付，或可緩兵。然後雷厲風行，力推新政，三月而政體略舉，期年而規模有成，海內回首，外國聳聽矣。皇上發奮為雄，勵精圖治，於中國何有焉。論者謂病入膏肓，雖和緩扁鵲不能救，火燃眉睫，雖焦頭爛額不為功。天運至此，無可挽回，況普國變法而法人禁之，畢士馬克作內政而後立，美國製造鐵砲，而英入禁之，華盛頓託荒島而後成，近者英人有禁止出售機器於我之說，俄、法欲據我海關、鐵路、礦務、銀行、練兵之權，雖欲變法，慮掣我之肘，職竊以為不然。少康以一成一旅而光復舊物，華盛頓無一民尺土，而保全美國，況以中國二萬里之地，四萬萬之民哉。顧視皇上志願何如耳，若皇上赫然發憤，雖未能遽轉弱而為強，而倉猝可圖存於亡。雖未能因敗以成功，而俄頃可轉亂為治。職猶有三策以待皇上決擇焉。夫今日在列大競爭之中，圖保自存之策，捨變法外別無他圖。此談經濟者異口而同詞，亦老於交涉之勞臣所百慮而莫易，顧革故鼎新，事有緩急，因時審勢，道備剛柔，其條目之散見者，當世之士能言之。職前歲已條陳之，今不敢泛舉，請言其要者。第一策曰：

採法俄、日以定國是，願皇上以俄國大彼得之心為心法，以日本明治之政為政法而已。昔彼得為歐洲所擯，易裝遊法，變政而遂霸大地；日本為俄美所迫，步武泰西，改弦而雄視東方。此二國者，其始遭削弱與我同，其後底盛強與我異。日本地勢近我，政俗同我，成效最速，條理尤詳，取而用之，尤易措手。聞皇上垂意外交，披及西學，使臣遊記，泰西纂述，並經乙覽，不廢芻蕘。若西人所著之泰西新史攬要，列國變通興盛記，尤為得要，且於俄、日二主之事，頗有發明，皇上若俛採遠人，法此二國，誠令譯署進此書，幾餘披閱。職尚有日本變政之次第，若承垂採，當寫進呈，皇上勞精厲意講之於上，樞譯諸大臣各授一冊講之於下。權衡在握，施行自易，起衰振靡，警聵發聾，其舉動非常，更有迴出意外者，風聲所播，海內慴聳。職可保外人改視易聽，必不敢為無厭之求。蓋遇昧者其膽豪，見明者則氣怯，且慮我地大人眾，一旦自強，則報復更烈，非皇上洞悉敵情，無以折衝尊俎，然非皇上採法俄、日，亦不能為天下雄也。其第二策曰：大集群才而謀變政，六部九卿諸司百執，自有才賢，咸可咨問，若內政之樞垣，外政之譯署，司計之户部，司法之刑曹，議論之台諫翰林尤為要劇。宜精選長貳，逐日召見，虛己請求，若者宜革，若者宜革，若者當先，若者當後。謀議既定，次第施行，期年三月，成效必睹。其第三策曰：聽任疆臣各自變法。夫直省以朝廷為腹心，朝廷以行省為手足，同治以前督撫權重，外人猶有忌我之心，近歲督撫權輕，外人之藐我益甚。朝廷苟志存通變，宜通飭各省督撫，就該省情形，或通力合作，或專力致精，取用新法，行以實政，目前不妨略異。三年要可大同，寬其文法，嚴為督厲，守舊而不知變者斥之，習故而不能改者去之。要以三年，期使各省均有新法之練兵數千，新法之稅款數萬，製造之局數處，五金之礦數區，學校增設若干，道路通治若干，粗定課程，以為條格。如此則百廢俱舉，萬象更新，銷萌建威，必有所濟。我世宗憲皇帝注意督撫，而政舉兵強，我文宗顯皇帝、穆宗毅皇帝委重督撫，而中興奏績，重內輕外之說，帖括陳言，非救時至論也。凡此三策，能行其上，則可以強，能行其中，則猶可以弱，僅行其下，則不至於盡亡，惟皇上擇而行之。宗社存亡之機，在於今日，皇上發憤與否，在於此時。若徘徊遲疑，因循守舊，一切不行，則幅員日割，手足俱縛，腹心已刲，欲為偏安，無能為計。圈牢羊豕，宰割隨時，一旦臠割，亦固其所。職上為君國，下為身家，苦心憂思，慮不能免，明知疏逖，豈敢冒越，但棟折榱壞，同受傾壓，心所謂危，急何能擇。若皇上少採其言，發奮維新，或可圖存，宗社幸甚，天下幸甚。職雖以狂言獲罪，雖死之日，猶生之年也。否則沼吳之禍立見，裂晉之事即來，職誠不忍見煤山前事也。瞻望宮闕，憂思憤盈，淚盡血竭，不復有云，冒犯聖聽，不勝戰慄屏營之至，伏維代奏皇上聖鑑，謹呈。

書上，工部大臣惡其伉直，不爲代奏，然京師一時傳鈔，海上刊刻，諸大臣士人共見之，莫不嗟悚，有給事中高燮曾者，見其書嘆其忠，乃抗疏薦之，請皇上召見。皇上將如所請，恭親王進諫曰：「本朝成例，非四品以上官不能召見。今康有爲乃小臣，皇上若欲有所詢問，命大臣傳語可也。」皇上不得已，正月初三日遂命王大臣延康有爲於總署，詢問天下大計變法之宜，並令如有所見，及有著述論政治者，可由總署進呈。於是其書卒得達，皇上覽之，肅然動容，指篇中求爲長安布農而不可得，及不忍見煤山前事等語，而語軍機大臣曰：「非忠肝義膽、不顧死生之人，安敢以此直言陳於朕前乎？」嘆息者久之。康之此書，以去年十一月上於工部，至今年五月始得達御覽。皇上乃命總署諸臣，自後康有爲如有條陳，即日呈遞，無許阻格，並宣取康所著《日本變政考》、《俄皇大彼得傳》等書。而翁同龢復面薦於上，謂康有爲之才，過臣百倍，請皇上舉國以聽，自此傾心向用矣。上命康有爲具折上言，正月初八日康有爲上疏統籌全局。其疏曰：

工部主事臣康有為跪奏，為國勢危迫，分割洊至，請及時變法，定國是而籌大計。恭折仰祈聖鑑事，竊頃者德人割據膠州，俄人竊伺旅、大，諸國環伺，岌岌待亡。自甲午和議成後，臣累上書，極陳時危，力請變法，格未得達，旋即告歸，土室撫膺，閉門泣血，未及三年，遂有茲變。臣萬里浮海，再詣闕廷，荷蒙皇上不棄芻蕘，特命總理各國事務王大臣傳詢，問以大計，復命具折上陳，並宣取臣所著《日本變政考》、《俄大彼得變政考》進呈御覽。此蓋歷朝未有之異數，而大聖人採及葑菲之盛德也。臣愚何人，受此殊遇，遭際時艱，敢不竭盡其愚，以備採擇。臣聞方今大地守舊之國，未有不分割危亡者也。有次第脅割其土地人民而亡之者，波蘭是也。有盡取其利權一舉而亡之者，緬甸是也。有盡亡其土地人民而存其虛號者，安南是也。有收其利權而後亡之者，印度是也。有握其利權而徐分割而亡之者，土耳其、埃及是也。我今無士、無兵、無餉、無船、無械，雖名為國，而土地、鐵路、輪船、商務、銀行，惟敵之命，聽容取求，雖無亡之形而有亡之實矣。後此之變，臣不忍言。觀大地諸國，皆以變法而強，守舊而亡。然則守舊開新之效，已斷可睹矣。以皇上之明，觀萬國之勢，能變則存，不變則亡；全變則強，小變仍亡。皇上與諸臣審知其病之所源，則救病之方，即在是矣。夫方今之病，在篤守舊法，而不知變，處列國競爭之世，而行一統垂裳之法。此如已夏而衣重裘，涉水而乘高車，未有不病暍而淪胥者也。《大學》言日新又新，《孟子》稱新子之國，《論語》孝子毋改父道，不過三年，然則三年之後，必改可知。夫物新則壯，舊則老，新則鮮，舊則腐，新則活，舊則板，新則通，舊則滯，物之理也。法既積久，弊必叢生。故無百年不變之法，況今茲之法，皆漢唐元明之弊政，何嘗為祖宗之法度哉？又皆為胥吏舞文作弊之巢穴，何嘗有絲毫祖宗之初意哉？今託於祖宗之法，固已誣祖宗矣。且法者所以守地者也，今祖宗之地既不守，何有於祖宗之法乎？夫使能守祖宗之法，而不能守祖宗之地，與稍變祖宗之法，而能守祖宗之地，孰得孰失，孰重孰輕，殆不待辨矣。雖然，欲變法矣，而國是未定，眾論不一，何從而能捨舊圖新哉？夫國之有是，猶船之有舵，方之有針，所以決一國之趨向，而定天下之從違者也。若針之子午未定，舵之東西游移，則徘徊莫適，倀倀何之？行者不知所從，居者不知所往，放乎中流，而莫知所休，指乎南北，而莫知所極，以此而駕橫海之大航，破滔天之巨浪，而適遭風沙大霧之交加，安有不沉溺者哉？今朝廷非不稍變法矣。然皇上行之，而大臣撓之，才士言之，而群僚攻之，不以為用夷變夏，則以為變亂祖制，謠諑並起，水火相攻，以此而求變法之有效，猶卻行而求及前也，必不可得矣。皇上既審時勢之不能不變，知舊法之不能不除，臣請皇上斷自聖心，先定國是而已。國是既定矣，然下手之方，其本末輕重剛柔緩急不同，其規模條理綱領節目大異，稍有乖誤，亦無成功。臣愚嘗斟酌古今，考求中外，唐虞三代之法度至美，但上古與今既遠，臣願皇上日讀《孟子》，師其愛民之心，漢、唐、宋、明之沿革可採，但列國與統一迥異，臣願皇上上考管子，師其經國之意。若夫美、法民政，英、德共和，地遠俗殊，變久跡絕，臣故請皇上以俄大彼得之心為心法，以日本明治之政為政法也，然求其時地不遠，教俗略同，成效已彰，推移即是。若名書佳畫，黑跡尚存，而易於臨摹。如宮室衣裳，裁量恰符，而立可鋪設，則莫如取鑑於日本之維新矣。日本之始也，其守舊攘夷與我同，其幕府封建與我異，其國君守府，變法更難，然而成功甚速著，則以變法之始，趨向之方針定，措施之條理得也。考其維新之始，百度甚多，惟要義有三：一曰大誓群臣以定國是；二曰立對策所以徵賢才；三曰開制度局而定憲法。其誓文在決萬幾於公論，採萬國之良法，協國民之同心，無分種族，一上下之議論，無論藩庶，令群臣咸誓言上表，革面相從，於是國是定，而議論一矣。召天下之徵士、貢士，咸上書於對策所，五日一見，稱旨者擢用，於是下情通而群才進矣。開制度局於宮中，選公卿、諸侯、大夫及草茅才士二十人充總裁，議定參預之任，商推新政，草定憲法，於是謀議詳而章程密矣。日本之強，效原於此。皇上若決定變法，請先舉三者，大集群臣於天壇、太廟，或御乾清門，詔定國是。躬申誓戒，除舊布新，與民更始，令群臣具名上表，咸革舊習，黽勉維新。否則自陳免官，以激厲眾志，一定輿論。設上書所於午門，日輪派御史二人監收，許天下士民皆得上書，其群僚言事，咸許自達，無得由堂官代遞，以致阻撓，其有稱旨者，召見察問，量才擢用，則下情咸通，群才輻輳矣。設制度局於內廷，選天下通才十數人，入直其中，王公卿士，儀皆平等，略如聖祖設南書房，世宗設軍機處例。皇上每日親臨商榷，何者宜增，何者宜改，何者當存，何者當刪，損益庶政，重草章程，然後敷布施行，乃不謬紊。近泰西政論，皆言三權，有議政之官，有行政之官，有司法之官，三權立，然後政體備。以我朝論之，皇上則為元首，百體所從，軍機號為政府，出納王命，然跪對頃刻，未能謀議，但為喉舌之司，未當論思之寄。若部寺督撫，僅為行政之官，譬於手足，但供奔持，豈預謀議，且部臣以守例為職，而以新政與之議，事既違例，必反駁而已，安有以手足而參謀猷哉？近者新政多下總署，總署但任外交，豈能兼營？況員多年老，或兼數差，共議新政，取決俄頃，欲其詳美，勢必不能。若御史為耳目之官，刑曹當司法之寄，百官皆備，而獨無左右謀議之人，專任論思之寄，然而新政之行否，實關軍國之安危。而言者妄請施行，主者不知別擇，無專司為之討論，無憲法為之著明，浪付有司，聽其抑揚，惡之者駁詰而不行，決之者倉卒而不盡，依違者狐疑而莫定，從之者條畫而不詳。是猶範人之形，有頭目手足口舌身體，而獨無心思，必至冥行擿埴，顛倒狂瞀而後已，以此而求新政之能行，豈可得哉？故制度局之設，尤為變法之原也。然今之部寺，率皆守舊之官，驟予改革，勢難實行，既立制度局總其綱，宜立十二局分其事。一曰法律局，外人來者自治其民，不與我平等之權利，實為非常之國恥，彼以我刑律太重，而法規不同故也。今宜採羅馬及英、美、德、法、日本之律，重定施行，不能驟行內地，亦當先行於通商各口，其民法、民律、商法、市則、舶則、訟體、軍律、國際公法，西人皆極詳明。既不能閉關絕市，則通商交際，勢不能不概予通行，然既無律法，吏民無所率從，必致更滋百弊，且各種新法，皆我所夙無，而事勢所宜，可補我所未備，故宜有專司，採定各律，以定率從。二曰度支局，我國地比歐洲，人數倍之，然患貧實甚，所入乃下等於智利、希臘小國，無理財之政故也。西人新法紙幣、銀行、印稅、證券、訟紙、信紙、菸酒稅、礦產、山林、公債，皆致萬萬，多我所無，宜開新局專任之。三曰學校局，自京師立大學，各省立中學，各府縣立小學，及專門各學，若海陸醫學、律學、師範學，編譯西書，分定課級，非禮部所能辦，宜立局而責成焉。四曰農局，舉國之農田、山林、水產、畜牧，料量其土宜，講求其進步改良焉。五曰工局，司舉國之製造機器美術，特許其新制而鼓勵之。其船舶市場新造之橋樑、堤岸、道路咸屬焉。六曰商局，舉國之商務、商學、商會、商情、商貨、商律專任講求激厲之。七曰鐵路局，舉國之應修鐵路，繪圖定例權限咸屬焉。八曰郵政局，舉國皆行郵政以通信，命各省府縣鄉成立分局，並電線屬焉。九曰礦務局，舉國之礦產、礦稅、礦學屬焉。十曰遊會局，凡舉國各政會、學會、教會、遊歷遊學各國會，司其政律而鼓舞之。十一曰陸軍局，選編國民為兵，而司其教練。十二曰海軍局，治鐵艦、練軍之事。十二局設，庶政可得而舉矣。然國政之立，皆以為民，民政不舉，等於具文而已。夫地方之治，皆起於民，而自縣令之下，僅一二簿尉雜流，未嘗託以民治，縣令任重而選賤，俸薄而官卑，自治獄催科外，餘皆置之度外。其上乃有藩臬道府之轄，經累四重，乃至督撫，而後達於上。藩臬道府，拱手無事，皆為冗員，徒增文書費厚祿而已，一省事權，皆在督撫。然必久累資勞乃至此位，地大事繁，年老精衰，舊制且望而生畏，望其講求新政而舉行之，必不可得。向者學堂農商之詔累下矣，而各直省多以空文塞責，亦可見矣。日本以知縣上隸於國，漢制百郡，以太守上達天子。我地大不能同日本，宜用漢制。每道設一民政局，妙選通才督辦其事，用南書房及學政例，自一品至七品京朝官皆可為之，准其專摺奏事，體制與督撫平等，用出使例，聽其自闢參贊隨員，俾其指臂，收得人之助，其本道有才者，即可特授，否則開缺另候簡用，即以道缺給之。先撥釐稅，俾其創辦新政，每縣設民政分局，督辦派員會同地方紳士治之，除刑獄、賦稅，暫時仍歸知縣外，凡地圖、戶口、道路、山林、學校、農工、商務、衛生、警捕，皆次第舉行。三月而備其規模，一年而責其成效，如此則內外並舉，臂指靈通，憲章草定，奉行有準，然後變法可成，新政有效也。若夫廣遣親王大臣遊歷以通外情，大譯西書，遊學外國，以得新學，厚俸祿以養廉恥，變通科舉以育人材，皆宜先行者。猶慮強鄰四逼，不能容我從容圖治也，且我民窮國匱，新政何以舉行？聞日本之變法也，先行紙幣，立銀行，財泉通流，遂以足維新之用。今宜大籌數萬萬之款，立局以造紙幣，各省分設銀行，用印度田稅之法，仿各國印花之稅。我地大物博，可增十倍，然後郡縣遍立各種學堂，沿海急設武備學院，大購鐵艦五十艘，急練民兵百萬，則氣象丕變，維新有圖。雖不敢望自強，亦庶幾可以自保。臣愚夙夜憂國，統籌大局，思之至詳，其能舉而行之，惟皇上之明，其不能舉而行之，惟諸臣之罪。時阽國危，謹竭愚誠，伏乞皇上聖鑑，謹呈。

書既上，命總理衙門王大臣會議，並進呈所著《日本變政考》、《俄彼得變政考》，並進英人李提摩太所譯《泰西新史攬要》、《列國變通興盛記》，及《列國歲計政要》諸書，上置御案，日加披覽，於萬國之故更明，變法之志更決。日讀康書，知之更深，於時皇上久欲召見康有爲，而爲恭親王所抑，不能行其志，及四月恭親王薨，翁同龢謀於上決計變法，開制度局而議其宜，選康有爲任之。乃於四月二十三日，下詔定國是，二十五日下詔命康有爲預備召見，二十八日遂召見於頤和園之仁壽殿，歷時至九刻鐘之久，向來召見臣僚，所未有也。康所陳奏甚多，皇上曰國事全誤於守舊諸臣之手，朕豈不知，但朕之權不能去之，且盈廷皆是，勢難盡去，當奈之何？康曰：請皇上勿去舊衙門，而惟增置新衙門，勿黜革舊大臣，而惟漸擢小臣，多召見才俊志士；不必加其官，而惟委以差事，賞以卿銜，許其專摺奏事足矣。彼大臣向來本無事可辦，今但仍其舊，聽其尊位重祿，而新政之事，別責之於小臣。則彼守舊大臣，既無辦事之勞，復無失位之懼，則怨謗自息矣。即皇上果有黜陟之全權，而待此輩之大臣，亦只當如日本待藩侯故事，設爲華族立五等之爵以處之，厚祿以養之而已，不必盡去之也。上然其言，此爲康有爲始覲皇上之事，實改革之起點。而西后與榮祿已早定密謀，於前一日下詔，定天津閱兵之舉，驅逐翁同龢，而命榮祿爲北洋大臣，總統三軍，二品以上大臣，咸具摺詣后前謝恩。政變之事，亦伏於是矣。

召見後，皇上命其在總理衙門章京上行走，並許其專摺奏事，於是五月初一日康復上一疏曰：

奏為敬謝天恩，並統籌全局。恭摺仰祈聖鑑事，竊臣嶺海下士，才識闇愚，以時事艱難，屢次上書，冒瀆天聽，荷蒙皇上天地之量，採及芻蕘，頃乃蒙過聽虛聲，特予召見。垂問殷勤，至過時許，容其愚狂，寬其禮數，復令有所條陳，准其專摺遞奏。殊恩異數，皆非小臣所當被蒙。又蒙聖恩令在總理衙門章京上行走。隆天重地，稠疊有加，臣俯念時艱，仰感知遇，只竭駑鈍，圖報涓埃。頃仰承聖訓，以國家之敗，歸罪守舊諸人，臣妄陳大計，皆承俞允，仰見聖明天縱，求治若渴，洞萬國之故，審時變之宜，此真中國之福也，四萬萬臣民之幸也。臣愚但有喜舞欣蹈，詠歌聖德，然皇上詢訪之盛意，臣何敢知而不言，臣今所欲陳者，曰統籌全局，以圖變法，御門誓眾，以定國是，開局親臨，以定制度三者而已。方今累經外患之來，天下亦知舊法之敝，思變計圖存矣。然變其甲不變其乙，舉其一而遺其二，枝枝節節而為之，逐末偏端而舉之，無其本源，失其輔佐，牽連並敗，必至無功。夫物之為體，合多質點而後成，室之可居，合多土木而後備，體不備謂之不成人，政不備亦為不成國。故臣以謂不變則已，若決欲變法，勢當全變，如匠人築室，千門萬户，必繪圖畫，則先定雛形，而後鳩工庀材，乃行興築，若全局未定，圖繪全無，聽甲言而為杙為桷，尺寸不知，又聽乙言，而肯構肯堂，木石未備，磚瓦亂構，工匠雜陳，及其全局合龍，必致乖忤鑿枘。而風雨驟至，庇託仍無。若夫縫人裁衣，必量全體之度，庖人調味，必酌醬齏之宜。若妄施刀剪，勢必顛倒裳衣，亂下鹽梅，以至難供刀匕。薄物猶爾，況於舉萬里之國而治之哉，故臣請變法，不欲言某事宜舉，某事宜行者，恐雖詔行，難收成效，必至與總督署、使館、海軍、船廠、電線、鐵路、礦務、製造廠、同文館同為守舊者藉口攻撓而已。故今欲變法，請皇上統籌全局，商定政體，自百司庶政，用人外交，並草具綱領條目。然後渙汗大號，乃與施行，本末並舉，首尾無缺，治具畢張，乃收成效。臣所請統籌全局此也。頃月膠旅既割，內地權利盡失，危亡逼迫，若火燎原。皇上審時變法，發憤圖存，特下詔書，明定國是。苦心明斷，天下共知，而諸臣感於舊俗，謠謗紛紜，或庸人自知擯斥於維新，恐富貴之難保，或僉人思媚於權貴，造疑謗而詆諆，交章飛文，變亂黑白，誣攻新政。貝錦如織，流言惑聽，害過流賊，或老耄舊學，自託清流，挾用夷變夏之言，持變亂祖制之說，劫民亂聽，眾志熒惶，藐王言如弁髦，視綸音如草莽。臣惟三代大舉，亦復胥動浮言，盤庚遷殷，屢煩誓誥，戒以黜心從一，責其絕穢自臭，警以祖父斷棄，嚴以劓殄無遺，蓋誓者經義所重，亦西國通行。昔聖祖高宗時，頻有禦門之典。臣伏乞皇上諏日齋戒，特御乾清門，大集群臣，相與敕誓，布誥天下，與民更始，咸令具名上表，盡革舊習，黽勉維新，其有不率，予之休免。其有造謠興謗，不奉新政者，上用盤庚劓滅之刑，旁採泰西謠謗之律，明罰敕法，刑茲無赦。庶幾浮言可靖，眾志乃一，國是既定，而大勢咸趨，臣所請禦門誓眾者此也。今天下言變者，曰鐵路，曰礦務，曰學堂，曰商務，非不然也，然若是者，變事而已，非變法也。變一事者，微特偏端不舉，即使能舉，亦於救國之大體無成。非皇上發憤自強之意也，周公思兼三王，孔子損益四代，乃為變法，臣所請者，規模如何而起，條理如何而詳，綱領如何而舉，節目如何而備，憲法如何而定，章程如何而周，損益古今之宜，斟酌中外之善，若者宜革，若者宜增，若者宜刪，若者宜改，全體商摧，重為草定。茲事體大，關國安危，舉措偶乖，必至齟齬，此非特開專司以妙選通才，不足以商鴻業而定巨典。今欲行新政，但聽人言，下之部議，尤重者或交總署樞臣會議，然大臣皆老耄守舊之人，樞垣總署，皆兼差殷忙之候，求其議政詳善，必不可得也。臣前請用日本例開制度局於內廷，選天下通才任之，皇上睹臨，日共商摧，其有變法之摺，並下制度局商議，擬旨施行，然後挈領振裘，目張綱舉，新政可見，自強有效。臣所請開制度局者此也。雖然，以皇上之明，豈不知籌全局而全變哉，其有不能者，或勢有所限也，然人主有雷霆萬鈞之力，所施無不披靡。就皇上所有之權，行方今可為之事，舉本握要，則亦可一轉移間而天下移風，振作人心矣。國勢危迫，不能需時，及今為之，已遲不及事，惟皇上乾綱獨攬，速斷聖心，以救中國，天下幸甚。臣愚憂國，敢冒死竭拳拳，伏乞皇上聖鑑，謹奏。

時國是之詔既下，維新之議已決，而大臣等有所挾持，腹誹特甚。康有爲正月所上請開制度局及增置十二局之疏，交總署議復者，至五月猶未復，皇上震怒，促其即復，至是復上，盡行駁斥。皇上召張蔭桓切責之，謂汝等盡駁康某之奏，汝等欲一事不辦乎？張叩頭俯伏曰：此事重大，非臣數人所能決，請再派樞臣會議。皇上乃命軍機大臣會議，復駁斥，皇上復親書朱諭責之，發令再議，至六月始議上，然不過擇其細端末節准行而已，餘仍駁斥。皇上無如之何，蓋皇上因西后之惡康，故欲借廷臣之議以行之，所以屢次發議也。而廷臣亦知皇上之無權，故敢於屢次駁斥也。

先是康未召見以前，於三月時開保國會於京師。士大夫集者數百人，御史潘慶瀾、黃桂鋆、李盛鐸屢疏劾之，既召見以後，禮部尙書許應騤、御史文悌，復疏劾之。皇上不爲動，而許文二人，反因此獲罪焉。自是忌者益甚，謠謗紛紜，其誣辭不堪入耳矣。

西后與大臣忌康既甚，皇上深知之，不敢多召見，有所詢問，惟命總署大臣傳旨，康則具摺陳奏而已。而康有爲所以啓沃聖心，毗贊維新者，則尤在著書進呈之一事。蓋康既呈所著書，皇上覽觀，恍然於變法之條理次序，及召見時，皇上親命將所編輯歐洲列國變革各書進呈，以資採擇，康以所輯《英國變政記》、《普國作內政寄軍令考》等書進呈，又輯十年來列國統計比較表，又輯列國官制比較、憲法比較進呈，皆加以案語，引證本國之事，斟酌損益，其言深切，皇上深納之。既乃輯《法蘭西革命記》、《波蘭滅亡記》等書，極言守舊不變，壓制其民，必至亡國，其言哀痛迫切，上大爲感動，故改革之行，加勇決焉。康所陳改革，大綱節目，多詳於著書之中，外人不知之，故咸竊竊焉疑削康之出入宮禁，私與皇上密謀也。上覽奏甚速，一冊甫上，旋即追問，明旨數四，皆命樞臣廖壽恆傳之。

六月，大學士孫家鼐上疏請派康督辦上海官報，蓋軍機大臣授意欲出康使居外，以剪皇上之羽翼也。皇上下詔命康辦報，而又令其將所著各書進呈完畢，然後出京，蓋避嫌疑而欲保全之也。

至七月特擢楊銳、林旭、劉光第、譚嗣同四人爲四品卿，參預新政。蓋因楊銳，劉光第皆保國會會員，且由陳寶箴奏薦。林旭則康之弟子，而譚嗣同爲康所最親信之人也。皇上因西后及大臣疑忌，不敢用康，而特擢此四人，其用心之苦，有非外人所能知者。自此皇上有所詢問於康，則命四卿傳旨，康有所陳奏，亦由四卿密陳，不復由總署大臣矣。

七月二十三四日之間，有湖南守舊黨舉人曾廉，上書請殺康有爲、梁啓超，摘梁在《時務報》論說及湖南時務學堂講義中之言民權自由者，指爲大逆不道，條列而上之，皇上非惟不加罪二人，猶恐西后見之，乃命譚嗣同將其原摺按條駁斥，然後以呈西后。蓋所以保全之者無所不至矣，然是時變象已成，未及數日，即有詔命康速出上海，而兩次密詔亦相隨而下矣。

第二章　新政詔書恭跋

皇上雖上制於西后，下壅於大臣，不能有其權，不能行其志，然自四月二十三日以來，三月之間，所行新政，渙汗大號，實有足驚者，雖古之號稱哲王英君，在位數十年者，其可紀之政跡，尚不能及其一二也。我國凡百政務，皆以詔書爲憑，而詔書又分兩種：一爲明諭，下之於內閣，刊之於邸報，臣民共見者也；一爲廷寄（亦名交片），下之於軍機處，不刊於邸報，民不能共見者也。今特取邸報之明諭有關新政者，揭載於下，逐條加以跋語，而廷寄猶未能備載焉。雖然，觀於此而我
皇上之英明仁厚勇決，亦可以略窺一斑矣。

四月二十三日上諭　數年以來，中外臣工，講求時務，多主變法自強，邇者詔書數下，如開特科，汰冗兵，改武科制度，立大小學堂，皆經再三審定，籌之至熟，甫議施行。惟是風氣尚未大開，論說莫衷一是，或託於老成憂國，以爲舊章必應墨守，新法必當擯除，眾喙嘵嘵，空言無補。試問今日時局如此，國勢如此，若仍以不練之兵，有限之餉，士無實學，工無良師，強弱相形，貧富懸絕，豈眞能制梃以撻堅甲利兵乎？朕惟國是不定，則號令不行。極其流弊，必至門戶紛爭，互相水火，徒蹈宋明積習，於時政毫無補益，即以中國大經大法而論，五帝三王，不相

沿襲，譬之冬裘夏葛，勢不兩存。用特明白宣示，嗣後中外大小臣工，自王公以及士庶，各宜努力向上，發憤爲雄，以聖賢義理之學植其根本，又須博採西學之切於時務者，實力講求，以救空疏迂謬之弊，專心致志，精益求精，毋徙襲其皮毛，毋競騰其口說，總期化無用爲有用，以成通經濟變之才。京師大學堂爲各行省之倡，尤應首先舉辦，著軍機大臣總理各國事務王大臣，會同妥速議奏，所有翰林院編檢各部院司員、大門侍衛，候補候選道府州縣以下，及大員子弟，八旗世職，各省武職後裔，其願入學堂者，均准入學肄習，以期人材輩出，共濟時艱，不得敷衍因循，徇私援引，致負朝廷諄諄誥誡之至意，將此通諭知之。欽此。

謹案　我國迫於外侮，當變法者，蓋六十餘年矣。然此六十餘年中，可分為四界。自道光二十年割香港，通五口，魏源著《海國圖志》，倡師夷長技以制夷之説，林則徐乃創譯西報，實為變法之萌芽。然此後二十年餘年，疊經大患，國中一切守舊，實無毫釐變法之説也，是為第一界。同治初年，創鉅痛深，曾國藩曾借洋將，漸知西人之長，創製造局以製器譯書，設方言館，創招商局，派出洋學生，文祥亦稍知時局，用客卿美人蒲安臣為大使，遍交泰西各國，變法之事，於是筆路開山矣。當時又議選翰林部曹，入同文館學西文，而倭仁以理學重名為宰相，以死爭之，敗此大舉，且舉國守攘夷之說。郭嵩燾以通才奉使，深明時局，歸而昌言，為朝士所攻，卒罷去。至於光緒甲申，又二十年，朝士皆恥言西學，有談者詆為漢奸，不齒士類。蓋西法萌芽，而俗尚深惡，是為第二界。馬江敗後，識者漸知西法之不能盡拒，談洋務者亦不以為深恥，然大臣未解，惡者尚多，議開鐵路，猶多方擯斥，蓋製造局譯出之書，三十餘年，而銷售僅一萬三千本。京師書肆尚無地球圖，其講求之寡可想矣。蓋漸知西學，而莫肯講求，是為第三界。然盡此六十年中，朝士即有言西法者，不過稱其船堅砲利製造精奇而已，所採用者，不過砲械軍兵而已。無人知有學者，更無人知有政者。自甲午東事敗後，朝野乃知舊法之不足恃，於是言變法者乃紛紛，樞臣翁同龢，首先講求，輔導皇上，決意變法。皇上聖明，日明外事，乙未五月翁同龢擬旨十二道，欲大行變法之事，以恭邸未協而止。然朝士紛紛言新法，漸知學堂為變法之本。而皇上頻催辦鐵路、礦務、學堂之事，未幾西后復收大權。皇上幾被廢，新政遂止。然而強學會《時務報》大呼於天下，天下人士咸知變法，風氣大開矣，是為第四界。然明於下而未行於上，新舊相爭，大臣多不以為然，以未定國是故也。標準未著，人心不一，趨向未定，雖云變法，仍是守舊而已。及經膠州之變，朝廷益震動，康有為於正月上書請變法宜先定國是，下總署議，上再催而未復。旅順大連之事繼起，皇上聖明，益明中外之故。知不變法不能立國，而恭王屢諫，謂祖宗之法不可變，上曰：「今祖宗之地不保，何有於法乎？」因使慶王告西后曰：「朕不能為亡國之君。若不予我以權，寧遜位而已。」西后雖憤甚，然因別有所圖，始聽皇上之所為，乃使慶王復於上曰：皇上欲辦事，太后不阻也。至是恭親王適薨，翁同龢輔政，銳志改革，御史楊深秀，侍讀學士徐致靖，相繼上書，請定國是。上既決心，乃白西后，召軍機全堂下此詔書。宣示天下，斥墨守舊章之非，著托於老成之謬，定水火門戶之爭，明夏葛冬裘之尚，以變法為號令之宗旨，以西學為臣民之講求，著為國是，以定眾向，然後變法之事乃決，人心乃一，趨向乃定，自是天下向風，上自朝廷，下至人士，紛紛言變法。蓋為四千年撥舊開新之大舉，聖謨洋洋，一切維新，基於此詔，新政之行，開於此日。

又按　大學堂之詔，三年前既下之矣。至是乃決行之，特令翰林部曹、侍衛道府、州縣大臣子弟、武職咸入學，其規模亦廣大矣。

四月二十五日上諭　翰林院侍讀學士徐致靖，奏保舉通達時務人材一摺，工部主事康有為、刑部主事張元濟，著於本月二十八日預備召見。湖南鹽法長寶道黃遵憲，江蘇候補知府譚嗣同，著該督撫送部引見，廣東舉人梁啓超，著總理各國事務衙門查看具奏。欽此。

謹案 國朝成例，四品以上乃能召見。召見小臣，自咸豐後四十餘年未有之異數也。啓超以布衣召見，尤為本朝數百年所未見，皇上之求才若渴，不拘成格如此，同日有御史黃均隆參劾黃遵憲、譚嗣同及啓超，兩疏並上，皇上於劾者置之不問，於薦者明發諭旨，其用人不惑又如此。

四月二十七日硃諭 協辦大學士戶部尚書翁同龢，近來辦事多未允協，以致眾論不服，屢經有人參奏，且每於召對時咨詢事件，任意可否，喜怒見於詞色，漸露攬權狂悖情狀，斷難勝樞機之任，本應查明究辦，予以重懲，姑念其在毓慶宮行走多年，不忍遽加發譴，著即開缺回籍，以示保全。欽此。

同日上諭 自後在廷臣工，仰蒙皇太后賞賜，及補授文武一品滿漢侍郎，均著於具摺後，恭詣皇太后前謝恩，各省將軍都統提督等官，亦著一體具摺奏謝。欽此。

同日上諭　王文韶著迅即來京陛見，直隸總督著榮祿暫行署理。欽此。

謹案　國是之詔甫下，聽皇上辦事之命甫行，而上之師傅親臣在樞垣者即已見逐。太后既歸政，例不見臣工，不別具摺，至是忽令二品以上大臣謝恩陛見，並令外官具摺，蓋訓政之事，已發於是。榮祿為西后第一親信之臣，恭親王既薨，不入樞垣輔政，而反出督直隸者。蓋以統北洋三軍，預發天津閱兵之詔，以謀行廢立之事也。康有為等召見，尚在二十八日。一切新政之行，皆在二十八日以後。而二十七日翁同龢見逐，榮祿督師，西后見大臣，纂廢之謀已伏。內之則軍機大臣中禮親王為榮之姻家，剛毅為榮之羽翼，外之則北洋三軍董福祥、聶士成、袁世凱為榮之腹心，一切布置已定，大權在手。故榮祿至直隸任，瀝陳地方辦事情形之摺，上於西后，而不上於皇上。蓋隱謀久定。故敢藐視君上如此，此實幽廢皇上誅捕帝黨之先聲，而案源不在八月六日，而在四月二十七日也。外人不諳朝事，或疑因維新之急激，遂以致敗。由未知廢立之局早定，西后榮祿，預布網羅，聽其跳躍，專待天津閱兵以行大事耳。皇上自知之，而冀挽回大局於一二，且冀收人才以救危機。康有為亦明知之，以中國危亡，聖主危險，入天羅地網而思救之。蓋皆有萬難之苦衷，苟未深知西后榮祿之密謀，不能論維新成敗之大局也。

五月初二日上諭 御史宋伯魯、楊深秀奏禮臣守舊迂謬阻撓新政一摺，著許應騤按照所參各節，明白回奏。欽此。

謹案 今年正月上諭舉行經濟特科之外，更舉經濟常科，試時務策論，及政治、法律、財政、外交、物理各專門之學，實為非常之舉，以開民智而救八股愚民之害者也。其試科章程，交禮部議，許應騤為禮部尚書，乃欲將經濟科歸併於八股，士論大嘩，楊深秀、宋伯魯開新志士之眉目也，不畏強禦，合詞劾之，皇上深惡其阻撓，即欲黜之，剛毅為之代求。故僅使回奏，後卒因其抑遏王照之奏，而黜禮部全堂，實由深惡許應騤也。然自此上位遂不保，嗚呼！以天子之權，而不能去一尚書，可勝慨哉。

初五日上諭 我朝沿宋明舊制，以四書文取士。康熙年間，曾經停止八股，考試策論，未久旋復舊制，一時文運昌明，儒生稽古窮經，類能推究本源，闡明義理。制科所得，實不乏通經致用之才。乃近來風尚日漓，文體日敝，試場獻藝，大都循題敷衍，於經義罕有發明，而淺陋空疏者，每獲濫竽充選，若不因時通變，何以勵實學而拔眞才，著自下科爲始，鄉會試及生童歲科各試，向用四書文者，一律改試策論，其如何分場命題考試，一切詳細章程，該部即妥議具奏。此次特降諭旨，實因時文積弊太深。不得不改弦更張，以破拘墟之習，至於士子爲學，自當以四子六經爲根柢。策論與制藝殊流同源，仍不外通經史以達時務，總期體用兼備，人皆勉爲通儒，毋得競逞辯博，復蹈空言，致負朝廷破格求才至意。欽此。

謹案　經義試士始於王安石，而明初定為八股體式，尊其體曰代孔孟立言，嚴其格曰清真雅正，禁不得用秦漢以後之書，不得言秦漢以後之事，於是士人皆束書不觀，爭事帖括，至有通籍高第，而不知漢祖唐宗為何物者，更無論地球各國矣。然而此輩循資按格，即可以致大位作公卿，老壽者即可為宰相矣，小者亦秉文衡充山長為長吏矣。以國事民事託於此輩之手，欲其不亡，豈可得乎？況士也者，又農工商賈婦孺之所瞻仰而則效者也，士既如是，則舉國之民從而化之，民之愚國之弱皆由於此，昔人謂八股之害甚於焚書坑儒，實非過激之言也。故深知中國實情者，莫不謂八股為致弱之根原，蓋學問立國之基礎，而八股者乃率天下之人使不學者也，近日有志之士，謂八股與中國不兩立，豈不然哉。康有為及御史楊深秀，於三月時曾上書請廢之，為許應騤所駁，遂不行。四月初旬梁啓超復聯合舉人百餘人連署上書請廢之，格不達。至康有為、張元濟召見，皆力陳其害，康至謂遼台之割，二百兆之償，琉球、安南、緬甸之棄，輪船、鐵路、礦務、商務之輸與人，國之弱民之貧，皆由八股害之，皇上喟然曰：「西人皆日為有用之學，我民獨日為無用之學。」康即請曰：「皇上知其無用，能廢之乎？」上曰：「可也。」於是康退朝告宋伯魯使抗疏再言之，康亦自上一書。疏即上，上命軍機大臣立擬此旨，剛毅謂此乃祖制，不可輕廢，請下部議。上曰：「部臣據舊例以議新政，惟有駁之而已，吾意已決，何議為？」詔遂下，於是海內有志之士，讀詔書皆酌酒相慶，以為去千年愚民之弊，為維新第一大事也。八股既廢，數月以來，天下移風，數千萬之士人，皆不得不捨其兔園冊子、帖括講章，而爭講萬國之故，及各種新學，爭閱地圖，爭講譯出之西書。昔之夢夢然不知有大地，以中國為世界上獨一無二之國者，今則忽然開目，憬然知中國以外，尚有如許多國，而頑陋倨傲之意見，可以頓釋矣。雖僅數月，八股旋復。而耳目既開，民智驟進，自有不甘於謬陋者，舊藩頓決，泉湧濤奔，非復如昔日之可以掩閉抑遏矣。故此數月廢八股之效，其於他日黃種之存亡，實大有關係也。然愚陋守舊之徒，驟失所業，恨康有為特甚。至有欲聚而毆之者，自是謠諑大興，亦遍於天下。

又按 世之論者，多以為此次政變由急激所招，夫所謂急激者，殆謂不順人情，故召怨謗也。然怨謗之起，莫甚於廢八股一事，然世之論者將畏謗而不廢八股乎？不廢八股，可以為治乎？吾欲問之。

初八日上諭　茲當整飭庶務之際，部院各衙門承辦事件，首戒因循，前因京師大學堂爲各行省之倡，特降諭旨，令軍機大臣總理各國事務王大臣會同議奏，即著迅速復奏，毋再遲延。其各部院衙門，於奉旨交議事件，務當督飭司員，克期議復，倘再仍前玩愒，並不依限復奏，定即從嚴懲治不貸。欽此。

謹案　我國向來一統，以高臥無事為治。故設官分職，互相鈐制，一職而有數人，一人而兼數職，遂相牽相諉，至無一事能辦者，大學堂自乙未年下詔開辦，至今三年，四煩上諭矣。而大臣猶視同無物，若非皇上之雷厲風行，諄諄催問，必將再延三年，尚無一字矣。而外人猶訾上之急激，局外人豈知局中之苦哉。

十五日上諭　軍機大臣會同總理各國事務衙門王大臣奏遵旨籌辦京師大學堂，並擬詳細章程繕單呈覽一摺，京師大學堂爲各行省之倡，必須規模閎遠，始足以隆觀聽而育人才。現據該王大臣，詳擬章程，參用泰西學規，綱舉目張，尚屬周備，即著照所議辦理，派孫家鼐管理大學堂事務。辦事各員，由該大臣慎選分派。

至總教習綜司功課，尤須選擇學該中外之士，奏請簡派，其分教習各員，亦一體精選，中西並用，所需興辦經費，及常年用款，著戶部分別籌撥，所有原設官書局，及新設之譯書局，均著併入大學堂，由管學大臣督率辦理。此次設立大學堂，爲廣育人材，講求時務起見，該教習等，按照奏定課程，認眞訓迪，日起有功，用副朝廷振興實學至意。欽此。

謹案　自甲午以前，我國士大夫言西法者，以為西人之長，不過在船堅砲利，機器精奇，故學之者亦不過砲械船艦而已。此實我國致敗之由也。乙未和議成後，士夫漸知泰西之強，由於學術，頗有上書言之者，而刑部侍郎李端棻之奏，最為深切詳明，得旨允行，而恭親王、剛毅等，謂可以緩辦，諸臣和之。故雖奉明詔，而束高閣者三年矣。皇上既毅然定國是，決行改革，深知現時人才未足為變法之用，故首注意學校，三令五申，諸大臣奉嚴旨，令速擬章程，咸倉皇不知所出。蓋中國向未有學校之舉，無成案可稽也。當時軍機大臣及總署大臣，咸飭人來屬梁啓超代草，梁乃略取日本學規，參以本國情形，草定規則八十餘條。至是上之，皇上俞允，而學校之舉乃粗定。即此一事，下之志士之發論，上之盈廷之抗議，凡歷三年，猶煩聖主屢次敦迫，僅乃有成。其難如此，然其後猶以辦理非人，成效難緒，蓋變法而不全變，有法無人之弊也。

同日上諭 舉人梁啓超著賞給六品銜，辦理譯書局事務。欽此。

謹案 中國之弱，由於民愚也。民之愚由於不讀萬國之書，不知萬國之事也。欲救其敝，當有二端：一曰開學校以習西文，二曰將西書譯成漢字，二者不可偏廢也。然學校僅能教童幼之人，若年已長成，多難就學。而童幼腦智未啓，學力尚淺，故其通達事理，能受學力，又每不如長成之人，且主持現今之國論者，在長成人而不在童幼人也。故欲實行改革，必使天下年齒方壯志氣遠大之人，多讀西書通西學而後可，故譯書實為改革第一急務也。中國舊有譯出之書，詳於醫學、兵學，而其他甚少，若政治、財政、法律等書，則幾絕無焉，且亦皆數十年前之舊本，西人悉已吐棄者，故不能啓發才智，轉移士論也。康有為於光緒二十一年開強學會於上海，倡譯日本書之論。蓋以日本與我同文，譯之較易也。後強學會被禁，事遂中止，康復説張之洞籌款辦之，張許諾而卒不辦，至是御史楊深秀上書言譯書之要，梁啓超以是日召見，上命進呈所著《變法通議》，大加獎勵，遂有是命。

十六日上諭 總理各國事務衙門奏議復御史曾宗彥奏請振興農學一摺，農務爲富國根本，亟宜振興，各省可耕之土，未盡地力者尚多。著各督撫督飭各該地方官勸諭紳民，兼採中西各法，切實興辦，不准空言搪塞。須知講求農政，本古人勞農勸相之意，是在地方官隨時維持保護，實力奉行，如果辦有成效，准該督撫奏請獎敘。上海近日創設農學會，頗開風氣，著劉坤一查明該學章程，咨送總理各國事務衙門查核頒行，其外洋農務諸書，並著各省學堂廣爲編譯，以資肄習。欽此。

謹案 中國向來言西法者知有兵耳，而皇上注意富民，整飭農業，採及西法，可謂知本。結會、集社向為國禁，康有為前後開強學會、保國會，及湖南志士所開南學會，皆被參劾，上悉不問，強學會雖封禁，旋改為官報局，於是各省學會極盛，更僕難數，農學會梁啓超與諸同志共創之於上海者也，至是乃採章頒行，破舊例愚民抑遏之風，開維新聚眾講求之業，以智民而利國，豈漢唐宋明之主，專務遏制其民者所能比哉？

五月十七日上諭 自古政治之道，必以開物成務爲先，近來各國通商，工藝繁興，風氣日辟，中國地大物博，聰明才力。不乏傑出之英，只以囿於舊習，未能自出新奇，現在振興庶務，富強至計，首在鼓勵人才。各省士民，著有新書，及創行新法，製成新器，果係堪資實用者，允宜懸賞以爲之勸。或量其材能，試以實職，或錫之章服，表以殊榮。所製之器，頒給執照，酌定年限，准其專利售賣。其有能獨力創建學堂，開闢地利，興造槍砲各廠，有裨於經國遠猷殖民大計，並著照軍功之例，給予特賞，以昭激勵。其如何詳定章程之處，著總理各國事務衙門即行妥議具奏。欽此。

謹案　歐西當四五百年前，守舊愚弱甚矣。自創學級之賞，定專許之例，懸重賞，立高科，鼓勵士民，以創新法製新器尋新地，於是新洲發現，新學大昌，新器大行，士民益智，國勢益強，其本皆由於此。康有為既請廢八股，以去窒塞靈明之具，復上此摺以開窮理製器之風，皇上深知民智之當開，立即施行。懸破格之賞，予清要之官，立專賣特許之條，俾國中士民，移其向者作八股之聰明才力，為講求實學之用。蓋所以鼓勵之者得其本矣，中國人之聰明，本不讓歐西，特千年以來，君上務以愚民為術，抑遏既久，故日即於固陋耳。苟能導之，則公輸子之飛鳶，偃師之制人，張衡之地動儀，諸葛之木牛流馬，祖暅之輪船，宇文愷之行城，元順帝之自鳴鐘，張騫之鑿空西域，甘英之通大秦，郭守敬之創大統歷測吉州謙州，必有紛紛出者，百十年後，才智心思之闢，萬億新器、新書、新法、新政之由，豈可量哉？則皆自我皇上此詔開之矣。

二十一日上諭 前據順天府尹胡燏棻奏請精練陸軍並神機營改用新法操演，出使大臣伍廷芳奏京營綠營參用西法各摺片，先後諭令軍機大臣會同神機營王大臣、八旗都統妥議，茲據該王大臣等會同議奏，改練洋操為練兵要著，各省綠營練勇，迭經諭令認眞裁併，一律挑練，著該將軍督撫歸入前次戶部、兵部議復，御史曾宗彥請改操摺內，一併迅速籌議，切實具奏。神機營業經挑選馬步官兵一萬人，勤加訓練，即著汰弱留強，實力講求，務成勁旅。八旗滿洲蒙古漢軍驍騎營、兩翼前鋒護軍營，均著以五成改習洋槍，五成改習洋機抬槍，著派奕劻、色楞額、永隆管理八旗驍騎營，崇禮、載卓、蘇魯岱管理兩翼前鋒護軍營，奕劻向來辦事認眞，熟諳武備，務須會同簡派各員，並督同各旗營專操大臣，按照泰西兵制，更定新章，認眞操演，其八旗漢軍、炮營、藤牌營，著一並改用新法，挑練精壯，如式演練，以成有用之兵。更使日起有功，何惜寬籌餉項，各直省將軍督撫及該管王大臣等，務當振刷精神，屏除積習，毋得始勤終怠，至一切陣法器械營制餉章，及挑選將弁教習各節，著按照胡燏棻等所奏，議定切實辦法，奏明辦理，用副朝廷整軍經武至意，將此通諭知之。欽此。

謹查　中國之兵向為防盜賊而設，故極劣弱，皇上刻意革新，故亟採廷議而改章也。

二十二日上諭　前經降旨開辦京師大學堂，肄業者由小學、中學以次而升必有成效可觀。惟各省中學、小學尚未一律開辦，總計各直省省會及府廳州縣無不各有書院，著各該督撫督飭地方官，各將所屬書院坐落處所，經費數目，限兩個月詳查具奏。即將各省府廳州縣現有之大小書院，一律改爲兼習中學、西學之學校，至於學校等級，自應以省會之大書院爲高等學，郡城之書院爲中等學，州縣之書院爲小學，皆頒給京師大學堂章程，令其仿照辦理，其地方自行捐辦之義學社學等，亦令一律中西兼習，以廣造就。至各書院需用經費，如上海電報局招商局，及廣東闈姓規，聞頗有溢款，此外陋規濫費，當亦不少，著該督撫盡數提作各學堂經費。各省紳民如能捐建學堂，或廣爲勸募，准各督撫按照籌捐數目，酌量奏請給獎，其有獨力措捐鉅款者，朕必予以破格之賞。所有中學、小學應讀之書，仍遵前諭由官設書局編譯中外西書，頒發遵行，至於民間祠廟，其有不在祀典者，即著由地方官曉諭民間，一律改爲學堂，以節糜費而隆教育。似此實力振興，庶幾風氣遍開，人無不學，學無不實，用副朝廷愛養成材至意，將此通諭知之。欽此。

謹案 此次改革，百度未遑，而首注意於教育者。蓋中國今日之大患，苦於人材不足，而人材所以不足，由學校不興也。京師既設大學堂矣，而無中學、小學、師範學、鄉學，則所成就無幾也。故康有為上疏言之，而皇上立採之，中國淫祠之風最盛，而僧侶、廟社之產業最富，向之言教育者，苦經費之難籌，今但移此款以用之，自恢恢有餘矣。政變以後，下詔廢各省學校，然民間私立者尚紛紛，亦由民智已開，不可抑遏，則此詔之功也。

同日奉上諭 各國傳教載在條約。迭經諭令各該督撫妥爲保護，以期民教相安。乃本年四川江北廳等處教案未了，廣西永安州復有殺斃教民之事，湖北沙市亦有因案牽連之事，總由地方官不能仰體朝廷諄諄告誡之意，遇有民教交涉案件，非漫不經心，即意存歧視，畛域未化，斯嫌隙易生，無怪教案之層見選出也。用是特加申諭，各直省大吏，凡有教堂州縣，務當諄飭地方官實力保護，平日如有教士謁見，不得有意拒絕。使彼此誠信相孚，從教之人，自不致藉端生事，一面開導百姓，毋以薄物細故，輕啓釁端。即使事出倉猝，該管官吏果能持平辦理，亦何難消患未萌，是在各該將軍督撫嚴飭所屬，隨時妥愼籌辦，從前未結之案，即著迅速了結。此後不准再有教案，倘仍防範不力，除將該地方官照總理各國事務衙門奏定新章從嚴懲辦外，該將軍督撫責無旁貸，亦必執法從事。勿謂言之不預也，將此通諭知之。欽此。

謹案 中國交涉最危險而無憑之事，莫若教案矣。二十年來層見疊出，償款認罪，無歲無之，其甚者，則如膠州之役，以兩教師之命，而失百方里之地，教堂滿地，無處不可起釁。故教案者實割地之藥線也，教案之起，雖由暴徒藉端生事，亦緣朝廷及長官有仇視外人之心。故奸民乃因而乘之，觀於皇上改革以來，三月間未聞有一教案（沙市及四川餘蠻子皆在改革以前之事）。及政變之第四日，而北京暴徒即起。兩月以來，殺宣教師之案已五六見矣，可見民間舉動實視朝廷之意向為轉移也。

二十三日上諭 總理各國事務衙門會同禮部奏遵議經濟特科章程開單呈覽一摺，所擬章程六條，尚屬詳備，即著照所請行。經濟特科，原期振興士氣，亟應認眞選舉，以廣登進而勵人才，著三品以上京官，及各省督撫學政，各舉所知，限於三個月內迅速咨送總理各國事務衙門，會同禮部奏請考試，一俟咨送人數，足敷考選，即可隨時奏請，定期舉行，不必俟各省匯齊再行請旨，用副朝廷側席求賢至意，該衙門知道。單並發，將此通諭知之。欽此。

謹案　常科以八股楷法取士，但使能作八股能作工楷，雖一書不讀，亦可入翰林，登顯秩，積資以致公卿督撫，下之亦為道府試差，退之亦為山長貴紳，故天下咸趨向焉，相率於不讀書不講時務，人才愚陋，實由於此。自康熙、乾隆兩次舉行特科，得人為盛，咸豐元年張庚請舉之，同治元年薛福成請舉之，皆不行。自膠州之變，樞臣翁同龢撫膺太息，謂當此時變，不能不破格求才。貴州學政嚴修，適抗疏請舉特科，得旨允行，當時八股未廢，得此亦足稍新耳目，蓋實新政最初之起點也。乃詔下數月，而大臣遷延觀望，不肯薦人，蓋意欲阻撓也。至是學士徐致靖、御史宋伯魯上書言之。再下詔催迫，而湖廣總督張之洞、倉場侍郎李端棻，首舉十數人，自是舉著紛起，才智之士漸進矣。

二十八日上諭　裁空糧，節餉需，爲方今救弊之要圖。前經諭令各省體察情形，妥速具奏，現據該將軍督撫先後奏陳，或裁製兵，或裁防勇，或裁練軍，或稱業經裁併，無可再裁。當經詳加披閱，各省情形雖屬不同，但法敝則亟宜變通，財匱則尤資補救。其已裁者即著照擬定章程，妥切辦理，其未裁者，仍著再行切實酌核。總期裁一名空糧，即節一分虛糜，空糧裁盡，餉項自舒。無論水陸各軍，一律挑留精壯，勤加訓練，俾成勁旅，並著遵照前降諭旨，力行保甲，詰奸禁暴，相輔而行，再能整頓釐金，嚴杜中飽。富國強兵之計，無有亟於此者。當茲時事多艱，朕宵旰焦勞，力圖振作，每待臣下以誠，而竟不以誠相應，各該疆臣身膺重寄，具有天良，何至誥誡諄諄，仍復掩飾支吾，苟且塞責耶？經此次諄諭之後，儻再有仍前敷衍，不肯實力奉行，經朕查出，或別經發覺，試問各該大臣能當此重咎否也。將此通諭知之。欽此。

謹案　我國綠營兵之無用，人人知之矣。自甲午以後，論時務者多請裁撤，翁同龢主之尤力，而恭邸未盡以為然。故乙未年僅裁十分之三，至是皇上尤諄諄言之，惟裁兵之責在督撫，而督撫用捨之，權在西后，督撫知上之無權，故無所畏。詔旨頻下，玩視如故，詔中謂朕待臣下以誠，而竟不以誠相應，掩飾支吾，苟且塞責，皆各督撫實在情形也。裁兵一事如此，他事亦無不如此。局中可憤可痛之情形，非局外所能知也。苟非如此，則此數月之改革，其成就豈止此哉？

二十九日上諭 孫家鼐敬陳管見一摺，據稱原任詹事府中允馮桂芬《校邠廬抗議》一書，最爲精密，著即印刷一千部，頒發各衙門悉心核看，逐條簽出，各注簡明論說，分別可行不可行，限十日咨送軍機處，匯核進呈，以備採擇。欽此。

謹案 《校邠廬抗議》一書，雖於開新條理未盡周備，而於除舊弊之法，言之甚詳，亦我國政論之稍佳者也。皇上命群臣簽注之，蓋借此以驗臣下之才識何如，並博採眾論之意也。

六月初一日上諭 張之洞、陳寶箴奏請飭妥議科舉章程並酌改考試詩賦小楷之法一摺，鄉會試改試策論，前據禮部詳擬分場命題各章程，已依議行。茲據該督等奏稱宜合科舉經濟學堂爲一事，求才不厭多門，而學術仍歸一是，擬爲先博後約，隨場去取之法，將三場先後之序互易等語，朕詳加披閱，所奏各節，剴切周詳，頗中肯綮，著照所擬鄉會試仍定爲三場。第一場試中國史事、國朝政治論五道；第二場試時務策五道，專問五洲各國之政專門之藝；第三場試四書義兩篇，五經義一篇。首場按中額十倍錄取，二場三倍錄取，取者始准試次場。每場發榜一次，三場完畢。如額取中，其學政歲科兩考生童，亦以此例推之。先試經古一場，專以史論、時務策命題，正場試以四書義經義各一篇，禮部即通行各省，一體遵照，朝廷於科舉一事，斟酌至再，不厭求詳。典試諸臣，當仰體此意，精心衡校，以期遴選眞才，至詞章楷法，雖館閣撰擬應奉文字未可盡廢。如需用此項人員，自當先期特降諭旨考試，偶一舉行，不爲常例。嗣後一切考試，均以講求實學實政爲主，不得憑楷法之優劣爲高下，以勵碩學而黜浮華，其未盡事宜，仍著該部隨時妥酌具奏。欽此。

謹案　以科舉取士，必不能得人才也。故不惟八股當廢，即科舉亦當全廢，而一切學級，悉自學校出，此乃正理也。然此次不即爾者，蓋使數百萬之老舉人、老秀才，一日盡失其登進之路，恐未免傷於急激，且學校生徒之成就，亦當期之於數年以後。故此數年中借策論科舉為引渡，此亦不得已之辦法也。此上諭中謂合科舉學堂為一事，即此意也。我朝自乾隆以後，專以楷法取士。自舉人之復試，進士之殿試朝考，翰林之大考，以及考試差考御史、考中書・考蔭生、考教習、考優貢拔貢，乃至考軍機章京，考總理衙門章京，莫不惟楷法是重。苟楷法不工，雖自賈董之學，管樂之才，亦必見擯，其工者則雖一書不讀，一事不知，亦可以致高位，持國柄，故楷法之汩沒人才，尤甚於八股焉。蓋八股之考試，通籍以後，即可不用，而楷法之考試，當官者所日夕而陷溺也。皇上一切掃除而更張之，然後舉國之士民，得以有用之精神，治有用之學矣。

初八日上諭　孫家鼐奏遵議上海《時務報》改爲官報一摺，報館之設，所以宣國是而達民情，必應官爲倡辦，該大臣所擬章程三條，似尚周妥，著照所請，將《時務報》改爲官報，派康有爲督辦其事。所出之報，隨時進呈。其天津、上海、湖北、廣東等處報館，凡有報章，著該督撫咨送都察院及大學堂各一分。擇其有關時務者，由大學堂一律呈覽，至各報體例，自應以臚陳利弊，開擴見聞爲主，中外時事，均許據實昌言，不必意存忌諱，用副朝廷明目達聰，勤求治理之至意，所籌官報經費，即依議行。欽此。

謹按　專制之國家，最惡報館，此不獨中國惟然，而中國尤甚者也。往者各省報館，多禁發刊，故各報皆藉西人為護符，而報章亦罕有佳者，乙未和議成後，康有為、黃遵憲等開強學會，刊《強學報》，旋被封禁。丙申間黃遵憲、梁啓超、汪康年等，乃續開《時務報》於上海，大聲疾呼，讀者頗為感動，士論一變。至今年六月，皇上命取《時務報》呈覽，至是特設官報，派通才督辦，益洞知各國民智之開，皆由報館，故於維新之始，首注意於是也。至於各處報章，悉令進呈，並命臚陳利弊，據實昌言，毋存忌諱，雖古聖之懸鞀設鐸，豈能比之哉？雖泰西立憲政治之國，亦不過是也。

十一日上諭　李端棻奏各省學堂請特派紳士督辦等語，現在京師大學堂，業經專派管學大臣克日興辦，各省中學堂、小學堂，亦當一律設立，以爲培養人才之本。惟事屬創始，首貴得人，著各直省督撫就各省在籍紳士選擇品學兼優能符眾望之人，派令管理各該處學堂一切事宜。隨時稟承督撫認眞經理，該督撫愼選有人，即著奏明派充，以專責成，而收實效。欽此。

謹按　我國以資格用人，直省地方長官，類皆庸老冗闒，不通外事。且定例本省之人不能任本省官，以數千里外之人，治數千里外之事，其必不能周備明矣。皇上改革之始，尤注意於教育制度，故各省州縣遍設學堂之詔屢頒。此詔命以各省在籍紳士督辦，實為地方自治之權輿。蓋將以學校一事為起點，推而及於他事也。

同日上諭　李端棻奏請刪改則例等語，各衙門咸有例案，勒爲成書，顜若畫一，不特易於遵守，兼可杜吏胥任意准駁之弊，法至善也。乃閱時既久，各衙門例案太煩，堂司各官不能盡記，吏胥因緣爲奸，舞文弄法，無所不至。時或捨例引案，尤多牽混附會，無論或准或駁，皆恃例案爲藏身之固。是非大加刪訂，使之歸於簡易不可，著各部院堂官督飭司員，各將該衙門舊例，細心紬釋。其有語涉兩歧，易滋弊混，或貌似詳細，揆之情理，實多窒礙者，概行刪去，另定簡明則例，奏准施行。尤不得藉口無例可援，濫引成案，致啓弊端。如有事屬創辦，不能以成例相繩者，准該衙門隨時據實聲明，請旨辦理。仍按衙門煩簡，立定限期，督飭司員，迅速辦竣具奏。將此通諭知之。欽此。

謹案　變法必須從本源變起。斟酌中外，草定法令，勒定各衙門治事詳細規則，此本源中之本源也。康有為曾屢上摺，請開制度局，將大徵天下之賢才，廣羅萬國之憲法，參以本邦之情形，大加審定，興利除害，使之顯若劃一，有條不紊然後見之施行。然以皇上無權不能行也。又以異邦人之在中國者，得有治外法權不受政府之管。損辱國體，莫此為甚。而我邦刑律太苛，不近情理，勢難強人就我，故擬採歐洲之制。先更律法，以為他日條約更正張本。至是李瑞棻言之，故有刪改則例之諭。蓋制於西后，未敢開局大修法制，先借是為嚆矢耳。

十九日上諭　英美日本各埠僑寓華民眾多，群居錯處，不乏可造之才，亟應設立學堂，兼肄中西文字，以廣教育。著出使大臣等體查情形，妥爲勸辦，議定章程詳晰復奏。欽此。

謹案　我國寄留外邦之民，五百餘萬，可當泰西一小國矣。其人多懷忠義知愛國之理過於內地，惜教育不興，成就遂少。於時皇上從善如流，尤注意教育，故有此命。可謂規模宏遠矣。

二十三日上諭　目今時局艱難，欲求自強之策，不得不捨舊圖新。前因中外臣工，半多墨守舊章，曾經剴切曉諭，勖以講求時務，勿蹈宋明積習。諄諄訓誡，不啻三令五申，惟是朝廷用意之所在。大小臣工，恐未盡深悉，現在應辦一切要務，造端宏大，條目繁多，不得不採集眾長，折衷一是。遇有交議事件，內外諸臣，務當周諮博訪，詳細討論，毋緣飾經術，附會古義，毋膠執成見，隱便身圖。儻面從心違，希冀敷衍塞責，致令朝廷實事求是之意，失其本指，甚非朕所望於諸臣也。總之無動爲大，病在痿痹，積弊太深，諸臣所宜力戒。即如陳寶箴自簡任湖南巡撫以來。銳意整頓，即不免指摘紛乘。此等悠悠之口，屬在搢紳，倘亦隨聲附和，則是有意阻撓，不顧大局，必當予以嚴懲，斷難寬貸。至於襄理庶務，需才甚多。上年曾有考試各部院司員之諭，著各該堂官認眞考察。果係有用之材，即當據實臚陳，候朕錄用。如或闒茸不職，亦當立予參劾，毋令濫竽。當此時事孔棘，朕毖後懲前，深維窮變通久之義，則創辦一切，實具萬不得已之苦衷，用再明白申諭。爾諸臣其各精白乃心，力除壅蔽，上下以一誠相感，庶國是以定，而治理蒸蒸日上，朕有厚望焉。欽此。

謹按　我國此次改革，以湖南為先導，是時雖新政屢下，然因皇上無權，不敢多所興舉。然守舊諸臣，已腹誹色怒，群聚謗議，斯時湖南守舊黨力與新政為難，先後參劾巡撫陳寶箴，學政江標、徐仁鑄，按察使黃遵憲，學校教習梁啓超，紳士譚嗣同、熊希齡等，妄造謠言，不可聽聞。至是皇上下詔褒奬陳寶箴，而切責頑固黨，自此浮議乃稍息，然任事之難，亦可想見矣。非身入其中者，不知甘苦也。

同日上諭　中國創建水師，歷有年所，惟是制勝之道，首在得人，欲求堪任將領之才，必以學問爲根本。應如何增設學額，添制練船，講求駕駛，諳習風濤，以備異日增購戰船，可期統帶得力，著南北洋大臣沿海各將軍督撫一體實力籌辦，妥議具奏。至鐵路礦務，爲目今切要之圖，造端伊始，亟應設立學堂，預備人材，方可冀收實效，所有各處鐵路扼要之區，及開礦省分，應行增設學堂，切實舉辦之處，著王文韶、張蔭桓悉心籌議、奏明辦理。欽此。

謹案　皇上以為改革之事，全賴人才，故首注意教育，凡水師、鐵路、礦務，各設專門學堂，此本源之道也。

二十九日上諭　總理各國事務衙門代奏工部主事康有爲條陳請興農殖民以富國本一摺，訓農通商，爲立國大端。前迭諭各省整頓農務、工務、商務，以冀開闢利源。各處辦理如何，現尚未據奏報，萬寶之原，均出於地。地利日闢，則物產日阜，即商務亦可日漸擴充，是訓農又爲通商惠工之本。中國向本重農，惟向無專董其事者，非大爲倡導，不足以鼓舞振興，著即於京師設立農工商總局。派直隸霸昌道端方，直隸候補道徐建寅、吳懋鼎爲督理，端方著開去霸昌道缺，同徐建寅、吳懋鼎，均著賞給三品卿銜。一切事件，准其隨時具奏，其各省府州縣，皆立農務學堂，廣開農會，刊農報，講農器，由紳富之有田業者試辦，以爲之率。其工學商學各事宜，亦著一體認眞舉辦，統歸督理農工商總局端方等隨時考查。各直省即由該督撫設立分局，選派通達時務公正廉明之紳士二三員，總司其事，所有各局開辦日期，及派出辦理之員，並著先行電奏。此事創辦之始，必須官民一氣，實力實心，方可漸收實效，端方等及各該督撫等，務當仰體朝廷率作興事之意，考取新法，精益求精，庶幾農業興而生殖日繁，商業盛而流通益廣，悉以植富強之基，朕實有厚望焉。欽此。

謹案 各國皆有農商部，而我國獨無之，今此次乃創立農商部之始，皇上留心內治，特重民政，故首舉之。

七月初十日上諭 孫家鼐奏舉人梁啓超請設立編譯學堂，准予學生出身，並書籍報紙，懇免納稅，據呈代奏一摺，該舉人辦理譯書局事務，擬就上海設立學堂，自爲培養譯才起見，如果學業有成，考驗屬實，准其作爲學生出身，至書籍報紙，一律免稅，均著照請行，該衙門知道。欽此。

謹按 我國科舉，向皆由學政考試，乃得出身，學校生徒，向無學級，故不足以鼓勵人才，梁啓超以微員所開之學校，而請學生之出身，實為四千年之創舉，非皇上之聖明剛決，採擇新法，豈能許之哉？

同日上諭　近來朝延整頓庶務，如學堂、商務、鐵路、礦務，一切新政，迭經諭令各將軍督撫切實籌辦，並令將辦理情形先行具奏。該將軍督撫等，自應仰體朝廷孜孜求治至意，內外一心，迅速辦理，方爲不負委任。乃各省積習相沿，因循玩懈，雖經嚴旨敦迫，猶復意存觀望，即如劉坤一、譚鍾麟，總督兩江、兩廣地方，於本年五六月間，諭令籌辦之事，並無一字復奏。迨經電旨催問，劉坤一則藉口部文未到，一電塞責，譚鍾麟且並電旨未復，置若罔聞。該督等皆受恩深重，久膺疆寄之人，泄沓如此，朕復何望，倘再藉詞宕延，定必予以懲處。直隸距京咫尺，榮祿於奉旨交辦各件，尤當上緊趕辦，陸續奏陳，其餘各省督撫，亦當振刷精神，一體從速籌辦，毋得遲玩，致干咎戾。欽此。

謹按　自四月以來，明詔累下，舉行新政，責成督撫，而除湖南巡撫陳寶箴外，寡有能奉行詔書者，上雖諄諭至於三令五申，仍復藐為具文。此先帝時之所無，觀歷朝聖訓可見也。然上雖盛怒，數四嚴責，終不能去一人，或懲一人者，以督撫皆西后所用，皇上無用捨之權，故督撫皆藐視之，而不奉維新之令也。由是以觀，自光緒紀元二十四年中，一切用人行政，於皇上無預可見矣。凡割地賠款，輸與利權之事，於皇上無預可見矣。凡貪風陋政，於皇上無預可見矣。自今年四月下詔定國是以來，始為皇上之政，然大舉之事，若開制度局派新政使等事，皆不能行，欲去守舊衰謬之臣，不能去，欲用開新通達之才，不能用，則此三月之中，雖聖政維新，然能行皇上之意，以成新政之規模條理者，蓋千萬而不得一可見矣。若令上有全權，用人行政，豈其若是？此諭雖明責譚劉，實則深惡榮祿，而宣其罪，責其奉旨交辦之件，而置之不顧，併不奏陳，榮祿之目無皇上，等諸兒戲，視王言如土苴芻狗，束閣不顧明矣。上深怒而不敢顯詞責之，上則牽譚劉而云直隸距京師咫尺，下則引各督撫而云遲玩干咎，蓋皆為榮祿說法也。不惡而嚴，溢於意表，榮祿於是畏皇上英明，恐不自保矣。先是榮祿出督撫直隸，瀝陳地方辦事情形，上摺於西后，而不上摺於皇上，皇上有電旨申飭之，已而榮祿保薦三十餘人，皇上無一召見，無一擢用者。皇上於四五品小臣所薦，猶賜召見，而於榮祿獨爾者，蓋深惡其平日之跋扈也。至明發此諭，榮祿自知不保，而篡廢之事益亟矣，此諭於改革困難情形，及政變原因，甚有關係，不可忽諸。

十二日上諭 御史王培佑奏變法自強，當除蒙蔽錮習一摺，現因時事多艱，朝廷振興庶務，力圖自強，尤賴樞廷及各部院大臣，共篤棐忱，竭力匡贊，以期挽救頹風，庶事可漸臻治理。乃諸臣中恪共官守者，固亦有人，而狃於積習不知振作者，尤難悉數。即如部院官本應常川進署，不得無故請假，議奏事件不准延擱逾限，皆經再三訓誡，而猶陽奉陰違。似此矇蔽因循，國事何所倚賴，用特重加申儆，凡在廷大小臣工，務當洗心革面，力任其艱，於應辦各事，明定限期，不准稍涉遲玩。倘仍畏難苟且，自便身圖，經朕覺察，定必嚴加懲處，毋謂寬典可屢邀也。欽此。

謹案　數月以來，新政之詔多矣，督責大臣之旨多矣，乃日日降旨嚴催而諸臣藐然，日云必加嚴懲，而未聞一懲。蓋上無權既久，大臣所共聞知，彼等有深宮之簡畀，有宦寺之奧援，豈畏此守府之君，空文之詔哉？蓋呂武擅政，皇上無權久矣，坐視割祖宗之地，則不甘為亡國之君，發憤為變法之謀。則無奈此牝朝之臣，雖復詔書絡繹，奈之何哉？嗚呼！有此聖主，而不能救天下，變法不成，終日呼號，終至幽廢。嗚呼！古今人主，豈有若我皇上之不幸者乎？

十三日上諭　少詹事王錫蕃奏請飭各省設立商會，於上海設總商會等語，現在講求商務，業於京師設立農工商總局，並諭令劉坤一、張之洞先就上海、漢口試辦商務局，擬定辦法奏聞，現尚未據奏到，商會即商務之一端，著劉坤一等歸案，迅速妥籌具奏。其沿江沿海商賈輻輳之區，應由各該督撫一體查明辦理，所有一切開辦事宜，並著總理各國事務王大臣咨商各督撫詳訂章程，妥爲籌辦。欽此。

謹案　商會商局一事，康有為已經奏請，即發交張之洞、劉坤一試辦者也。未據奏到，藉臣下之言再催，張之洞亦藐視皇上。而媚事牝朝，凡各新政，皆弁髦之，可見皇上之無權也。

十四日上諭　國子監奏候補學正學錄黃贊樞條陳時事據呈代奏一摺，據稱民生日蹙，宜厚生計，蠹吏橫徵，宜嚴考查等語，朝廷整飭庶務，無日不以吏治民生爲念，重農之外，桑麻絲茶等項，均爲民間大利所在。全在官爲董勸，庶幾各治其業，成效可睹。著各直省督撫，督飭地方官，各就物土所宜，悉心勸辦以濬利源，親民之官，莫如牧令，近來仕途冗雜，非嚴加考查，不足以別貪廉，錢糧之浮收，胥吏之肆擾，種種殃民之事。該管上司果能悉心考核，即不肖官吏，亦斷不至無所忌憚，著各督撫凜遵六月十五日諭旨，於所屬州縣認眞查核，毋令賢否混淆，仍著隨時秉公舉劾，以資懲勸，吏治清則民生自裕。此即封疆大吏之責，無負朕再三申誡焉。欽此。

謹案　又以農事吏事責督撫，而無如雖十令百申，彼終藐視不率，不能嚴懲，徒行空文，如皇上之無權何。至是皇上之恨大臣已極，相迫而來，不能不盛怒而去之矣。

同日上諭　國家設官分職，各有專司，京外大小各官，舊制相沿，不無冗濫，近日臣工條奏，多以裁汰冗員爲言，雖未必盡可准行，而參酌情形，實亦有亟當改革者。朕維授事命官，不外綜核名實，現當開制百度，事務繁多，度支歲入有常，豈能徒供無用之冗費，以致礙當務之急需。如詹事府本屬閑曹，無事可辦，其通政司、光祿寺、鴻臚寺、太常寺、太僕寺、大理寺等衙門，事務甚簡，半屬有名無實，均著即行裁撤，歸併內閣及禮兵刑等部辦理，又外省如直隸、甘肅、四川等省，皆係以總督兼管巡撫事，惟湖北、廣東、雲南三省督撫同城，原未畫一，現在東河在山東境內者，已隸山東巡撫管理，只河南河工，由河督專辦，今昔情形，確有不同。所有督撫同城之湖北、廣東、雲南三省巡撫，並東河總督，著一併裁撤。其湖北、廣東、雲南三省，均著以總督兼管巡撫事，東河總督應辦事宜，即著歸並河南巡撫兼辦。至各省漕運，多由海道，河運已屬無多，應徵漕糧。亦多改折，淮鹽所行省分，亦各分設督銷，其各省不辦運務之糧道，向無鹽場，僅管疏銷之鹽道，亦均著裁缺，歸各藩司巡守道兼理。此外如各省同通佐貳等官，有但兼水利鹽捕，並無地方之責者，均屬閒冗，即著奏明裁汰。除應裁之京外各官，本日已降諭旨，暨裁缺之巡撫河督京卿等員，聽候另行錄用外，其餘京外尚有應裁文武各缺，及一切裁減歸併各事宜，著大學士六部及各直省督撫，分別詳議籌辦，仍將籌議情形，迅速具奏。內外諸臣，即行遵照切實辦理，不准藉口體制攸關，多方阻格，並不得以無可再裁，敷衍了事。至各省設立辦公局所，名目繁多，無非為位置閒員地步，薪水難支，虛糜不可勝計，迭經諭令裁併，乃竟置若罔聞。或僅聽委員劣幕舞文，一奏塞責，殊堪痛恨，若各督撫凜遵前旨，將現有各局所中冗員，一律裁撤淨盡，並將候補分發捐納勞績等項人員，一律嚴加甄別沙汰，限一月辦竣復奏。似此實力剔除，庶幾庫款漸裕，得以宏拓新規，惟不准瞻徇情面，陽奉陰違，致干咎戾。當此國計艱難，朕宵旰焦勞，孜孜求治，詔書敦勉，動以至誠。爾在廷諸臣，暨封疆大吏，若具有天良，其尚仰體朕懷，力矯疲玩積習，一心一德，共濟時艱，庶幾無負委任。若竟各挾私意，非自便身圖，即見好僚屬，推諉因循，空言搪塞，定當予以重懲，決不寬貸。欽此。

謹案　本朝官雖極多，然任事者皆同虛設，故冗員咸議宜裁。康有為舊日上書亦言之，時大開言路，群言並進，上皆採納，言裁冗官者極多，而前太僕少卿岑春煊言之尤切直。上遂意決。康有為改官制之議，本擬分別官差，以官為虛爵，以差任職事，實欲留此虛爵，以為轉官之地也，而皇上惡冗舊之臣已甚，故赫然裁之。亦可謂勇猛明決矣。

十六日上諭　懷塔布等奏司員呈遞條陳請旨辦理一摺，據稱禮部主事王照條陳時務，藉端挾制等語，朝廷廣開言路，本期明目達聰，邇言必察。前經降旨，部院司員，有條陳事件者，著由各省官代奏，毋得拘牽忌諱，稍有阻格，誠以是非得失，朕心自有權衡，無煩該堂官等鰓鰓過慮也。若如該尚書等所奏，輒以語多偏激，抑不上聞，即係狃於積習，致成壅蔽之一端。豈於前奉諭旨毫無體會耶，懷塔布等均著交部議處，此後各衙門司員等條陳事件，呈請堂官代遞，即由各該堂官將原封呈進，毋庸拆看，王照原呈著留覽，欽此。

謹案　王照睹上求言之切，請上遊歷日本及各國，實為開人所不敢開之口，又責諸臣之謬為持正，而敢於謗上不忠，請立教部以扶翼聖教，皆為至言。許應騤等不肯代遞，王乃即具呈劾其堂官阻遏，到堂親遞，且謂如不遞，吾當往都察院遞之。懷塔布等不得已乃允其代奏，許應騤退而作摺劾王照咆哮署堂，藉端挾制，又謂其摺請皇上遊歷日本，日本多刺客，昔俄太子、李鴻章，曾蒙大禍，王照置皇上於險地，故不敢代遞，然王照居心叵測，請加懲治云云。故諭旨有是非得失，自有權衡，無煩過慮等語，又有豈於前奉諭旨視為無有耶等語，剛毅再三請改，乃改毫無體會四字，蓋大臣尸位，壅蔽群僚，上惡之久矣。至是大怒，交部議處，命一切條陳呈進原封，堂官無得拆看。於是人人封章，得直達於上，舉國鼓舞歡蹈，爭求上書。民間疾苦，悉達天聽。每日每署封奏皆數十，上雞鳴而起，日晡乃罷。覽閱章奏，猶不能盡，立四軍機覽之，乃自覽朝官之奏，擇其官微稍非切要者，交四卿分覽，然猶不能了。每日必有餘摺，遞交下班，又從前儀式最嚴，一筆違誤，即至議處，至是下僚寒士，皆不諳奏摺格式，隨手寫摺。或奏或呈或上書，或跪或不跪，或上款或下款，種種新式，雜沓可笑。至有野人漁民上書，紙有二尺長條，言及皇上，亦不抬頭，由外省封寄，交都察院代遞，直達御前，上覽之欣笑，亦不加譴責。又有湖南舉人責上變亂祖宗之法，自稱開創，置祖宗於何地等語，樞臣擬旨，請予重懲，上謂方開言路之時，不宜譴責，恐塞言路，亦寛容之。凡此等事，雖不可久長，然聖主求言之盛心，實為中國千年所無有。雖唐虞闢門明目，禹湯懸鞀設鐸，漢文止輦受言，皆未足比此。即今日全世界之國，號稱最為文明者，亦不聞舉國士民皆可上書於其君，而惟我皇上有之，以從古最塞之國體，一變而為最進之國體。嗚呼！有聖主如此，宜上下讀詔書者莫不流涕也。

同日上諭　山東布政使著張人駿調補，岑春煊著補授廣東布政使。欽此。

謹案　岑春煊以上裁官摺，由未補缺之四品卿特簡布政使，向無此例，蓋上求言如不及，千金市駿，空谷足音，見人而喜，然皇上之權，惟能擢授至布政使而止，過是則非所及，而行政大權，皆在督撫，藩司僅奉行文書而已，然則何能為哉？

十六日上諭　吏部戶部奏遵旨刪訂則例，具奏辦理情形各一摺，各衙門例案太煩，業經諭令迅速刪訂，吏部銓選處分二項，頭緒紛紜。戶部收支款項，名目繁多，一切章程，難免歧異，若各該堂官督飭司員，悉心刪訂，務極簡明，將核定例章，仿照史表分門別類，列爲一表，俾閱者一目了然，吏胥無從舞文弄法，至此項底本，即著該堂官公同核辦，戶部所請專派堂官一員勘定之處，應毋庸議。欽此。

十七日上諭 昨據吏部戶部奏刪訂則例辦理情形，當經諭令將核定例章，仿照史表分門別類，列爲一表，使人易曉，因思刪訂則例，各衙門均當照此辦理，以歸畫一，著該堂官等督飭司員，息心編輯，毋稍紛歧。欽此。

謹案 上既諄諄於修定則例，刪令簡要，更發堂官以照史表例，分門別類，立法之美，學問之深，讀詔書者無不震驚皇上聖學之深於史例。而無如諸臣非出於清書，則起帖括，誰識史表之例者。有臣如此，豈復能與共治乎？而各部分派司員，例事至大，非日請宸斷，誰敢刪定。故雖屢經聖訓，循例編輯，餘則一仍其舊無所於損益也，故變法而不全變，必不能行如此。

二十日上諭 京師爲首善之區，現在道路泥濘淄污，河道塞壅不通，亟宜大加修理，以壯觀瞻。著工部會同統領衙門，五城御史，暨街道廳，將京城內外河道溝河，一律挑挖深通，並將各街巷道路修墊坦平，無得遷就敷衍，仍將籌辦情形，及開工日期，從速具奏。其款資著由戶部籌撥。欽此。

謹案 京師街道之污穢，晴則飛塵蔽天，雨則淫潦沒脛，誠各國所無也。單子以陳道路不治，謂陳將亡。康有為自二十年前入京師，即力言此政。而京師大僚，未遊外域，習以為常，不知其臭穢及道阻也。乙未年康復代人草摺言之，奉旨下工部八旗及街道廳議而不能行，蓋京師道路，歲修支帑六十萬金，而旗丁分而食之，藉此彌補，故無法清治，至是百廢具舉，上決意修路，不復交議，徑撥款舉行。非聖明深通治體，安能如此？

同日上諭　禮部尚書著裕祿李端棻署理，禮部左侍郎著壽耆王錫蕃署理，禮部右侍郎著薩廉徐致靖署理。欽此。

謹案　李端棻屢上封事，請開學堂、定律例、開懋勤殿大誓群臣諸大事，二品以上大臣，言新政者一人而已。故上特擢為禮部尚書，國朝以資格用人，侍郎須遷都御史乃升工刑等部，禮尚必由工刑兵三部尚書轉調，此實異數也。王錫蕃、徐致靖以少詹讀學升侍郎，尤為向來所無。王、徐皆頻言新政者，上之簡擢得人不吝爵賞，破去資格如此，二十二日乃實授，今僅署理者，以上無授二品官之權，須請命太后也。上向來無用人之權，至是最為放手辦事，然僅名署理，上之無權如此。

同日上諭　翰林院侍讀學士徐致靖奏冗官既裁，請酌置散卿以廣登進一摺，著孫家鼐妥速議奏。欽此。

謹按 是時卿寺既裁，於是實無散大夫以位通才資諷議者，學士徐致靖請增置散卿，實登進人材之善制也。

同日上諭 內閣候補侍讀楊銳，刑部候補主事劉光第，內閣候補中書林旭，江蘇候補知府譚嗣同，均著賞加四品卿銜，在軍機大臣章京上行走，參預新政事宜。欽此。

謹案 上舉行新政，而樞臣耄老，不能輔佐維新，上又無權去之，又無權添用軍機大臣，至是漸操用人之權，乃選新進小臣以輔新政，以楊銳、劉光第為陳寶箴所保，故信之。以譚嗣同為徐致靖所保，故信之。以林旭為康有為之弟子，故信之。特加四品卿，令人軍機參預新政，參預者用日本維新置參與官於宮中之義也。皇上別授朱諭於四人，令其將新政條理開列，竭力輔佐，無有畏憚，所有新政奏摺，皆令閱看，諭旨皆特令撰擬，蓋惡諸大臣既極，東之高閣，而以國政繫於四卿，名為章京，實則宰相也。後此新政，皆四人行之。密詔傳授，亦交四人焉。擢用才臣，不論資敘，四人皆負一時才望，立賢無方，蓋有成湯、漢武、明祖之風焉。

二十二日上諭　親民之官，莫如牧令，自來循吏著績，皆以養民教民爲先務。近來地方州縣，既有保護教民之事，又有培植學堂之舉，內政外交，責成尤關緊要。非得明體達用之能員，措置安能裕如，著各直省督撫留心訪查，所屬地方州縣官，如有通達時務，勤政愛民之能員，即隨時保送引見，以備錄用。朕爲國爲民，殷殷求治，該督撫等務當屏去私心，汲引善類，方不負大臣以人事君之義。欽此。

謹案　上注意縣令之選，而欲得通達愛民之才以獎勵之，真得治本矣。

同日上諭　李鴻章敬信，均著毋庸在總理各國事務衙門行走。欽此。

謹案　禮部全堂既斥，守舊大臣皆恐。至是咸懷震動之心，榮祿亦懼不免，於是禍變促矣。

同日上諭　前據戶部奏辦昭信股票原定章程，願借與否，聽民自便，不准苛派抑勒，嗣因地方官辦理不善，據御史黃桂鋆等，先後奏參四川、山東省辦理昭信股票，苛派擾民，當諭令該部妥議具奏。茲據戶部奏稱股票擾民，屢經指摘，近時收數無多，除京外各官，仍准照常請領，併官民業經認定之款，照案捐繳外，其紳商士民人等，請一概停止勸辦等語，朝廷軫念民依，原期因時制宜，與民休息。豈容不肖官吏，任意苛派，擾害閭閻，其民間現辦之昭信股票，著即停止，以示體恤而安民心，餘均照部議行，該部知道。欽此。

謹案 昭信股票之害，當擬辦時，康有為走書與當道力爭之，至是月上摺請停止。或請改歸各原省辦學工商之用，聽民捐民辦，而諸臣言者自高燮曾以後亦多，然戶都仰屋久矣。各省亦見款即撥，萬無可停止之理，康之上摺多有止之者，不料上之痌瘝愛民，斷然停止，真出臣民意外者，以見上之神武剛斷，而愛民至矣。

二十三日上諭 現在裁撤各衙門，業經分別歸併，所有各衙門裁缺各官，未便聽其閒散。現當振興庶務，詳劃久遠，應於鐵路礦務總局，酌設大小官員額缺，以備將來量材任使，著總理各國事務王大臣會同吏部妥速詳議具奏。欽此。

謹案 裁官為最難之舉，以必有位置然後裁汰，乃無謗怨，上於勇除積弊之中，何嘗不寓體恤群僚之意哉。

同日上諭　戶部奏代遞主事王鳳文請設立賑施一摺，以工代賑，實救荒之良法。中國辦理善政，舊有此條，而泰西推行尤廣。所有修造工程各業手藝，皆足為養贍窮民之用。國家偶遇災荒，賑施動撥巨款，而在事人員，辦理不善，侵漁冒領，弊端百出，災黎轉不得均沾實惠，若以工代賑，則弊杜而工業可安。近來江蘇、湖北、山東等省，偏災屢告，飢民轉徙流離，朕心深為軫念，王鳳文所請不無可採，著農工商務總局端方等，妥議開辦章程，迅速具奏。欽此。

謹案　上軫念民生，百日中詔旨無數，群工有請，皆立見施行如此。

同日軍機大臣面奉諭旨，近日各衙門呈遞封奏，有一日多至數十件者，嗣後凡有呈請代遞之件，隨到即分日進呈，不必拘定值日之期。欽此。

謹案　言路大開，臣民皆得上書，故一衙門至數十摺。上閱至日昃不盡，然亦不厭。以各衙門皆待值日之期，乃為代遞，故特命分日進呈。

同日上諭　孫家鼐奏請設醫學堂等語。醫學一門，關係至重，亟應另設醫學堂考求中西醫理，歸大學堂兼轄，以期醫學精通。即著孫家鼐詳議辦法具奏。欽此。

謹案　中國向來巫醫皆賤，故學業無成。粗識之無之人充之，雖京師之大，至無醫者，皆以士夫兼代之，若其荒僻之壤，醫者益疏淺，其輕生民戕壽命亦大矣。泰西大學，醫為一科，今特許增之，實為維新之一政也。

同日上諭 孫家鼐奏遵議翰林院侍讀學士徐致靖請酌置散卿一摺，古有侍從之臣，皆妙選才能以議庶政，現當朝廷振興百度，自應博採眾論，廣益集思，以期有裨政治，著照所議酌置三四五品卿，三四五六品學士各職，遇有對品卿缺，並翰林衙門對品缺出，即由吏部一體開單請旨錄用，以備獻納。仍著按品給予俸祿，應如何詳立條款，著爲定例，著該部妥議具奏。欽此。

謹按 卿寺既裁，而通才諷議之官無位置，學士徐致靖特請增散大夫之職，康有為代草摺上之，上嘉納議行。

二十五日上諭 前經降旨撤詹事府等衙門，並諭令大學士六部及各直省督撫，將其餘京外應裁文武各缺，及一切裁減歸併各事宜，分別詳議籌辦，迅速具奏，現在已裁各衙門歸併事宜，業由各該衙門遵照辦理，其餘各衙門應裁文武各缺，尚未據將籌辦情形具奏。再申諭該大學士六部尚書侍郎，及各省督撫等凜遵前旨，將在京各衙門冗閒員缺，何者應裁，何者應併，速即切實籌議。外省道員，以及同通佐貳等官，及候補分發捐納勞績等項人員，認眞裁併，嚴加甄別沙汰，其各局所冗員，一律裁撤淨盡。本日據戶部代遞主事吳錫寯條陳內，稱漕督所轄衛所各官，既係武職，並無管帶漕標之兵，名實殊不相符，所有軍田可以撥歸府州縣徵收等語。此項人員本在應行裁併之列，即著該督撫等妥速議奏，並漕督一缺，究竟是否應裁，亦著兩江總督、江蘇巡撫一併詳議具奏。至京外已裁實缺，候補各員，應如何分別錄用，及飭令回籍候缺，均著妥議條款，請旨辦理，該大學士、尚書、侍郎、督撫等務當從速籌辦，不准稍事遷延。尤須破除積習，毋得瞻徇情面，用副朝廷綜核名實之至意，將此通諭知之。欽此。

謹案　中國舉國幾半冗員也，蠹民實甚，然大臣親友姻婭，遍滿中外，誰敢為之，非聖主雷厲風行，豈能及此。漕運一官，至今尤為無用，泰西各國皆無之。以運米乃一商人之事耳，裁省此官，清江津通各倉搬丁，運船衛丁，漕米種種浮蠹，所省實多，蓋漕運當國初時四百餘萬石，近尚百餘萬石，劉權之謂每石運費十八兩，聚而食於漕者，官吏兵丁十數萬人，但折漕裁官，變此一事，歲可千萬。光緒十四年康有為曾代某御史上摺，請裁漕督，以其折費築鐵路，若早行之，至今十年，有萬萬之款，得萬里之鐵路矣。上知而決行之，然宦豎旗人，多食於此，雖以上之聖武，終不能斷然廢漕，則以無權故也。

二十六日上諭　刑部奏代遞主事蕭文昭條陳一摺，中國出口貨以絲茶爲大宗，自通商以來，洋貨進口日多，漏卮鉅萬，恃此二項，尚堪抵制。乃近來出口之數頓減，若非亟爲整頓，恐愈趨愈下，益無以保此利權。蕭文昭所請設立茶務學黨，及蠶桑公院，不爲無見，著已開通商口岸，及出產絲茶省分各擾督迅速籌議開辦，以阜民生而固利源。欽此。

謹案　日本於菸草一事至微末，猶設專官專會，況我絲茶之大乎。近年日益凋敝，故上特諭行茶務學堂、蠶業公院也。

二十七日上諭　國家振興庶政，兼採西法，誠以爲民立政，中西所同，而西人考究較勤，故可以補我所未及。今士大夫昧於域外之觀者，幾若彼中全無條教，不知西國政治之學，千端萬緒，主於爲民開其智慧，裕其身家，其精者乃能美人性質，延人壽命。凡生人應得之利益，務令其推廣無遺。朕夙夜孜孜，改圖百度，豈爲崇尚新奇，乃眷懷赤子，皆上天之所畀，祖宗之所遺，非悉使之康樂和親，朕躬未爲盡職，加以各國環交陵迫，非取人之所長，不能全我之所有，朕用心之苦，而黎庶猶有未知，職由不肖官吏，與守舊之士夫，不能廣宣朕意，乃反胥動浮言，使小民搖惑驚恐，山谷扶杖之民，有不獲聞新政者。朕實爲嘆恨，今將變法之意，布告天下。務使百姓咸喻朕心，共知其群之可恃。上下同心，以成新政，以強中國。朕不勝厚望，著察照四月二十三日以後所有關乎新政之諭旨，各省督撫，均迅速照錄，刊刻謄黃，切實開導。若各州縣教官，詳切宣講，務令家喻戶曉，各省藩臬道府，飭令上書言事，毋得隱默顧忌。其州縣官應由督撫代遞者，即由督撫將原封呈遞，不得稍有阻格，總期民隱盡能上達，督撫無從營私作弊爲要。此次諭旨，並著懸掛各省督撫衙門大堂，俾眾共觀，庶無壅隔。欽此。

謹案　於時守舊諸臣，謠謗紛紜，不止攻擊康有為，且多直詆聖上者，上更為諄諄教戒，復下此諭。嗚呼！上愛民之心，救中國之勇，施行新政之決，通達西人政學之深如此，其所務乃在於開民智，裕民身，美性質，延壽命。試問士大夫閉關守舊者，能知此乎？即言西人軍兵砲械之精奇者，亦豈能知此乎？至於使百姓咸喻聖心，教誨愛養之意，古今詔書所未見。海外商民讀此詔莫不感泣，則人人當有同心矣。先是疊經割削，民有離心，至是四萬萬人皆知國有聖主，人人翹首企足，復望自強矣。請以新政刊刻謄黃，乃從康有為之請，俾民人家喻户曉，不致為吏所抑遏也。上旁採人言，無所不至，先是藩臬官尊，例得上摺言事，然遏於督撫，自嘉道後無敢上摺者，上乃命下及道府州縣，皆准上摺。所以旁求俊義，博知四海，通下情而達民隱者，國朝未之有也。此詔為國朝第一詔書，惻怛愛民，饑溺自任，以變中國二千年之敝政。定開懋勤殿選通才入直之旨，為譚嗣同所草，二十八日即詣頤和園。而旋下不保位之密詔，然則此詔亦為新政之殿矣，嗚呼痛哉！

同日上諭 日講起居注官黃思永奏籌款試辦速成學堂一摺，京師大小學堂，業經先後降旨，諭令孫家鼐及五城御史分別舉辦，玆據奏稱小學堂收效尚緩，大學堂事屬創舉，開辦不易。欲速不能，請自行籌款設立速成學堂，以期收效等語，用意殊屬可嘉，著即准如所請，籌款試辦，以爲之倡，果有成效，再行擴充，並當予以獎勵。著俟開辦後，察看情形，隨時具奏。欽此。

謹按 皇上之從善如圜，臣工有奏，無不即從，有善舉無不獎勵。

同日上諭 中書祁永膺奏請將各省教職改爲中小學堂教習一摺，著孫家鼐妥爲具奏。欽此。

謹按　教官在宋時實司教導，元有山長，事勢潛移，馴至今日，將六百年，教官皆以老耄冗散之人，臥治充選，必應改作也。

同日上諭　瑞洵奏請遍設報館實力勸辦一摺，報館之設，原期開風氣而擴見聞，該學士所稱現商約同志於京城，創設報館，翻譯新報，為上海官報之續等語，即著瑞洵創辦以為之倡，此外官紳士民，並著順天府五城御史切實勸諭，以期一律舉行。欽此。

謹按　上鼓勵報館，至遍囑勸諭紳民舉行，凡臣工有所陳，上諭必有增入之語，所以開民智而裕民生者至矣。其與古之監謗禁語，何其反乎？

同日上諭　前因振興庶務，首在革除壅蔽，當經諭令各衙門代遞事件，毋得拘牽忌諱，嗣因禮部阻格司員王照條陳，當將懷塔布等予以重懲，復先後諭令都察院及各衙門隨呈隨遞，不必拘定值日之期。誠以百度維新，必須明目達聰，始克收敷奏以言之效。第恐大小臣工，狃於積習，不能實力奉行，用再明白宣諭，以後各衙門有條陳事件者，次日即當呈進，承辦司員，稍有抑格，該部院堂官立即嚴參懲辦，不得略予優容，所有六月十五日七月十六日諭旨，七月十九日朱諭，七月十七日及二十四日交片諭旨，均令各衙門錄寫一通，同此件諭旨一併懸掛大堂。俾其觸目警心，不致復萌故態，以示朕力除壅蔽之至意。欽此。

謹按 中國之弊，既無議院以達下情，直省守令，閉處公署，蔽蒙已甚，況督撫藩臬，轄數千里之地，民情吏治，更盲閉無知。若夫九重之尊，除督撫卿貳台諫數十人外，無能遞摺上言者，即叩閽亦不能遞。而所謂督撫卿貳，皆經累數十年資格而後至，御史官卑，亦自十餘年郎官而後除，由翰林簡擢者最速矣，亦向不講時務，故入於上之耳者，皆守舊愚陋之談。中國之亡在於此。皇上嚴懲違旨壅蔽之大臣，更令懸掛大堂，觸目警心，以除壅蔽，然後能坐一室而觀四海，不窺戶牖而知天下也。然大臣之目無君上，積成風氣，皇上亦無如之何矣。

同日上諭 瞿鴻機奏江陰南菁書院遵改學堂，並將沙田試辦農學一摺，江陰南菁書院，經前學政黃體芳創設考課通省舉貢生監，現既改為學堂。著准其照省會學堂之例，作為高等學堂，以資鼓舞。該書院原有自管沙田一頃，據稱擬參用西法樹藝五谷果蔬綿麻等項，將未經圍占之地，先行試辦，如有實效，再行推廣學堂農會，相輔而行，洵為一舉兩得之道。該學政此奏，具見籌畫精詳，留心時務，即著照所議認眞辦理。務收實效，毋託空言。欽此。

謹案　於是直省聞風爭言農商之學，爭譯農商之書，好事者爭捐地以為農會，蓋上行下效，風氣大開如此。

二十八日奉旨昨已明降諭旨令各省藩臬道府均得上書言事，其州縣條陳事件，應由督撫將原書代遞，即著各省督撫傳知藩臬道府，凡有條陳，均令其自行專摺具奏，毋庸代遞，其州縣等官言事者，仍由督撫將原封呈遞，至士民有欲上書言事者，即徑由本省道府等隨時代奏，不准稍有抑格，如敢抗違，或別經發覺，將該地方官嚴行懲處，仍將遵辦情形，迅速電奏。欽此。

謹按　上之明目達聰，求通下情而惡壅蔽至矣。州縣遞摺，本朝已無，至於士民上書，由道府代遞，蓋猶恐詣闕太遠。士民不易，猶伏小人之箴，而野有遺賢也。古之命眾至庭，嘉石肺石，皆待伏闕，此則中國四千年堯舜禹湯文武所未有者矣。嗚呼！非聖主而能如是乎。

二十九日上諭　軍機大臣等議復袁昶條陳請籌八旗生計等語。旗下生齒日繁，徒以格於定例，不得在外省經商貿易，遂致生計日艱，從前富優、松筠、沈桂芬等，均曾籌議及之，現當百度維新，允宜弛寬其禁。俾得各習四民之業，以資治生，著戶部詳查嘉慶、道光年間徙戶、開屯、計口、授田成案，切實訂立新章，會同八旗都統迅速奏明辦理。欽此。

謹按　八旗生計之苦，以坐食之故，然旗人狃於承平，故雖經富俊、松筠百年前經營，而仍不舉。然今更百年，生計更難，人亦無敢言者。皇上斷自聖心，將使悉為農工以安富之，所以為八旗計久遠者，莫有過是。

八月一日上諭　翰林院奏代遞庶吉士丁惟魯請編歲入歲出表頒行天下一摺，戶部職掌度支，近年經用浩繁，左支右絀，現在力行新政，尤須寬籌經費，以備支用。朕惟古者冢宰制國用，量入爲出，以審歲計之盈虛，近來泰西各國，皆有豫籌用度之法，若戶部將每年出款入款，分門別類，列爲一表，按月刊報，俾天下咸曉然於國家出入之大計，以期節用豐財。蔚成康阜。朕實有厚望焉。欽此。

謹案　我朝國計在户部檔房數人，各司分職，已無從知其詳者，士大夫更無從知之，安能如各國統算豫計決算而理財用哉。蓋中飽之人多故也，康有為於進呈《日本變政考》，發明此事極詳，西學大開，此義大明，上皆採用，此户部之所惡，而天下之所樂。然非上之剛決，則一宦寺之言，即不行矣。

同日上諭　戶部奏代遞主事蔡鎭藩請審官定職以成新政一摺，朕詳加披閱，除御史規復巡按舊制，各關監督改爲關道兩節，應無庸議外，其餘所陳各條，具有條理，深得綜核名實之意，可以見諸施行，著軍機大臣會同大學士各部院並翰林科道各官，詳議具奏。欽此。

謹案　變法必先變官制，康有為正月之摺已極言之，上無全權，為下所阻未能行。至是採用群臣之言，上蓋欲決行重定官制矣，然是時上已知位不保，猶從容用人言而行新政，聖度如天，豈可及哉？

同日上諭　現在練兵緊要，直隸按察使袁世凱辦事勤奮，校練認眞，著開缺以侍郎候補，責成專辦練兵事務，所有應辦事宜，著隨時具奏。當此時局艱難，修明武備，實爲第一要務，袁世凱惟當勉益加勉，切實講求訓練，俾成勁旅，用副朝廷整飭戎行之至意。欽此。

謹按　各國兵馬大權，皆其國主總之，稱大元帥，復置參謀本部，妙選人才，以籌軍事，法至善也。於是康有為草疏，請皇上親御戎衣，自統六軍，仿日本例置參謀本部，選天下熊羆之士，不二心之臣，皆拔置本部中。譚嗣同薦袁世凱之將才，上乃召袁世凱詢問兵事，欲以備參謀部之任，特加其官，令其將應辦事宜，專摺具奏，俾其獨將。又於時宮廷已有廢立之意，雖事秘難知，而先一日密詔已下，言位幾不保，上撫慰將才，欲待天津閱兵時資其保護也。榮祿素懷不軌，知事已急，即日造謠，三電總署雲英、俄開仗於琿春，英艦七艘泊於大沽，立調袁世凱出津防禦。時袁未謝恩，須待初五日，然是日楊崇伊自天津還，持榮祿書見慶親王請訓政，初二日楊崇伊即自到頤和園遞請訓政之摺。當時士大夫見京津間，榮祿私人往來絡繹，多有知其密謀，將興晉陽之甲者，及聞外患，反以為可少紓內憂，不知皆榮祿之詭謀詐言也。榮祿先調聶士成軍於天津，袁世凱五日夕至津，榮祿復留之於天津，令護直隸總督。蓋袁之為人機詐反覆，深知皇上無權，且大變將興，皇上將不能自保，故雖受皇上不次拔擢之大恩，終不肯為皇上之用，且與賊臣之逆謀，賣主以自保，而大變遂成於其手矣。

第二篇　廢立始末記

第一章　西后虐待皇上情形

西太后與皇上本非親生母子，當穆宗之崩，西后欲專朝權，立幼君，當時上猶在襁褓之中，故立之。及帝稍長，英明漸露，西后頗憚之，因欲以威箝制之，故虐待皇上無所不至，有義烈之宦官名寇連材者（寇之事跡詳下篇），嘗有筆記記宮中軼事，今摘錄其數條，皇上之苦辛可以略見矣。其言云：

中國四百兆人中，境遇最苦者莫如我皇上。蓋凡人當孩童時，無不有父母以親愛之，顧復其出入，料理其飲食，體慰其寒暖，雖在孤兒，亦必有親友以撫之也。獨皇上五歲即登極，登極以後，無人敢親愛之，雖醇邸之福晉（醇親王之夫人，皇上之生母），亦不許親近，蓋限於名分也。名分可以親愛皇上者，惟西后一人，然西后驕侈淫佚，絕不以為念。故皇上伶仃異常，醇邸福晉每言及輒涕泣云。

皇上每日三膳，其饌有數十品，羅列滿案，然離御座稍遠之饌，半已臭腐，蓋連日皆以原饌供也。近御座之饌，雖不臭腐，然大率久熟乾冷不能可口，皇上每食多不能飽，有時欲令御膳房易一饌品，膳房必須奏明西后，西后輒以儉德責之，故皇上竟不敢言。

西后待皇上無不疾聲厲色，少年時每日訶斥之聲不絕，稍不如意，常加鞭撻，或罰令長跪。故積威既久，皇上見西后如對獅虎，戰戰兢兢，因此膽為之破，至今每聞鑼鼓之聲，或聞吆喝之聲，或聞雷輒變色云。

皇上每日必至西后前跪而請安，惟西后與皇上接談甚尠，不命之起，則不敢起。甲午五六月高麗軍事既起，皇上請停頤和園工程以充軍費，西后大怒，自此至乙未年九月間凡二十閱月，幾於不交一言，每日必跪至兩點鐘之久，始命之起云。

此乃宮中尋常日用之事，外人不得而知者。以彼烈宦所記之言觀之，則其種種虐待情形可以想見矣。

第二章　光緒二十年以來廢立隱謀

光緒十六年下歸政之詔，布告天下。然皇上雖有親裁大政之名，而無其實，一切用人行政皆仍出西后之手。內之則宦官李蓮英，外之則軍機大臣孫毓汶，皆西后最得力之人，把持朝權，視皇上如虛器。至光緒二十年，皇上年漸長，圖治之心漸切，因見各大臣皆不聽號令，欲親擢一二通才，以資馳驅，乃於四月間擢編修文廷式為侍讀學士（由七品擢升四品），文廷式者嘗教授瑾妃、珍妃者也，當是時二妃頗能進言，皇上又擢二妃之兄志銳為侍郎，於是西后大滋疑忌。其年祝西后六旬萬壽，先期演習禮儀，於某日定期巳刻，皇上率文武百官齊集，惟西后之嬖宦李蓮英至未刻始至，皇上與百官鵠立三時之久，以待一奄豎。演禮既畢，皇上大怒，因廷杖李蓮英四十，李大怒，訴於西后，西后恨皇上益甚。李蓮英平日既恃西后之寵幸，陵蔑皇上，恐一旦西后晏駕，皇上執權，則己之首領必不保，因日進讒言於西后，言皇上有怨望之心。蓋自是而西后廢立之謀，日蓄於胸中矣。

其時中東戰事起，軍書旁午，警報疊聞，西后惟以聽戲縱欲為事，一切不關心，而政府及將帥皆西后之私人，皇上明知其誤國，而不能更易，於是有御史安維峻抗疏言太后既已歸政於皇上，則一切政權不宜干預，免掣皇上之肘，西后大怒，立將安維峻革職，遣戍張家口，上諭略云：

朕奉慈禧端佑康頤昭豫莊誠壽恭欽獻皇太后慈訓，以孝治天下，薄海臣民所共見，乃有御史安維峻妄造謠言，離間皇太后及朕躬，殊為狂悖，安維峻著即革職，發往張家口，以儆效尤。欽此。

此甲午年十一月間事，實西后翦除皇上羽翼第一事也。同時將瑾妃、珍妃革去妃號，褫衣廷杖，妃嬪而受廷杖，刑罰之慘，本朝所未聞也。二妃之兄志銳，因爲皇上所信用，謫之於烏里雅蘇台，至今未蒙召還。文廷式託病出京，僅免於罪。此爲西后翦除皇上羽翼第二事。

當是時即欲廢皇上而立某親王孫某爲新帝，某佯狂不願就。蓋皇族之人，皆知西后之兇殘，畏居帝位之苦累，不欲貪虛名以受實害也。而恭親王亦力爭廢立，西后頗憚之，其謀遂止。然自此以後，皇上每召見群臣，兩后必遣內監在屏風後竊聽之。皇上戰戰慄慄，如坐針氈矣。

翁同龢者，皇上之師傅也。皇上自幼年即從之受學，交情最深，倚爲性命，舉朝大臣，半皆西后之黨，其忠於皇上者惟翁而已。翁時在軍機，仍兼毓慶宮行走。毓慶宮者，皇上讀書之地也。皇上召見軍機時，翁與軍機諸臣同見，皇上幸毓慶宮時，則翁同龢一人獨見。乙未六月間，皇上用翁之言，將孫毓汶、徐用儀等罷斥，西后大怒，乃將翁同龢革去毓慶宮差事，令其不得與皇上有密談。此爲西后翦除皇上羽翼第三事。

工部侍郎汪鳴鑾者，翁同龢之黨也。兵部侍郎長麟者，滿洲人之忠於皇上者也。皇上召見長麟時，偶言及太后掣肘之事，長磷云太后雖穆宗皇上之母，而實文宗皇上之妾，皇上入繼大統，爲文宗後，凡入嗣者無以妾母爲母之禮。故慈安皇太后者，乃皇上之嫡母也。若西太后，就穆宗朝言之，則謂之太后，就皇上言之，則先帝之遺妾耳。本非母子，皇上宜收攬大權云云。不意其言爲屏風後之內監所聞，報知西后，即日逼皇上降諭略云：

朕受皇太后二十年鞠育之恩，皇太后之聖德，天下所聞。朕事奉皇太后亦不敢有失，乃汪鳴鑾、長麟於召見時，屢進讒言，離間兩宮，著即行革職，永不敘用。欽此。

此乙未年九月間事也，當時恭親王爲軍機大臣。見此旨大驚，問皇上云：長汪二人因何故獲罪?皇上垂涕不答,恭親王伏地痛哭不能起云,此實西后翦除皇上羽翼第四事。

至丙申年二月忽降一上諭,略云:

御史楊崇伊奏參翰林院侍讀學士文廷式一摺,據稱文廷式在松筠庵廣集徒眾,妄議朝政,及賄通內監,結黨營私等事,雖查無實據,事出有因,文廷式著革職永不敘用,並即行驅逐回籍,不許逗留。欽此。

當時忽下此詔,如青天起一霹靂,京師人人震恐,慮皇上之位不保。蓋文廷式自甲午年託病出京,乙未秋間復入京供職,西后因其爲皇上所擢用之人,極爲猜忌。故諷言官劾之,驅逐出京,使不得與皇上相見,此實西后翦除皇上羽翼第五事。

同時有義烈宦官寇連材者,奏事處之太監也。初爲西后服役,西后深喜之,因派令侍皇上,蓋欲其窺探皇上之密事也。寇連材深明大義,竊憂時局,一日忽涕泣長跪於西后之前,極言皇上英明,請太后勿掣其肘,又言國帑空虛,請太后勿縱流連之樂,停止園工,並參劾西后信用之大臣。西后大怒,即日交內務府慎刑司下獄，翼日不待訊鞫，即行處斬。皇上聞之，爲之掩淚，北京志士，莫不太息。此爲西后翦除皇上羽翼第六事。

凡此諸端，皆宣播於外，人人共知者，若其暗中翦除羽翼之事，尚不知幾許。蓋西后之謀，必不許皇上有一心腹之人。皇上有所信用之人，必加以罪。務令廷臣不敢效忠於皇上，皇上不敢示恩於群臣，然後其心始安。大臣之中，大半皆其私人，小臣之中，亦敢怒而不敢言。蓋數年以來，京師皆岌岌有不可終日之勢矣。

其廢立之謀，露於形跡者，尚有貝勒載澍之一事。載澍者某親王之子，而宣宗之孫也。其夫人乃西后之侄女，因載澍有妾生子，妒殺其子，澍怒，面責之。其夫人遽歸外家，訴於西后。載澍之母，明知禍發，乃先入宮自首謝罪。西太后遽降詔曰，載澍不孝於其母，今經其母前來控告，本當將載澍明正典刑，姑念其爲先帝之孫，著即行永遠圈禁，以儆不孝云云。當時強令皇上將此詔交禮親王宣布，皇上垂淚不能發言，禮王見詔手顫膝搖，牙齒相擊，及宣詔後，澍貝勒之母昏暈於地云。澍貝勒今猶圈禁於內務府之詔獄中，每日只許進一飯，嚴冬不給寒衣，惟一老獄卒憐其爲皇孫，日則熾爐烘之，夜則擁之以睡而已。其慘酷如此，蓋所謂抗世子法於伯禽，借澍貝勒以作皇上之影子也。

第三章　戊戌廢立詳記

西后既蓄此隱謀，因推其不肖之心以待皇上，疑心生暗魅，常反疑皇上與諸臣之欲廢己也。乙未丙申之間，雖宗室王公及命婦入宮者，皆須搜檢其身，恐藏有兇器，雖慶親王之妻入宮，亦須搜云。而其忌皇上之召見小臣爲尤甚，蓋大臣皆西后之心腹，且老耄無氣，故不畏之，少年氣盛之人，感皇上之恩，必樂效馳驅，故最忌之。文廷式所以數經驚險者以此也。膠州、旅順、威海既割，康有爲屢次痛哭言事，皇上屢欲召見之，而爲恭邸所壓抑，及恭邸既薨，徐致靖奏薦康有爲，於是有召見康有爲之事。此實爲改革之一大關鍵，而廢立之謀亦從此決矣。

恭親王之死，於改革及廢立皆有大關鍵，今請先言恭親王之爲人。王當同治間，有文祥爲之輔佐，故政績甚可觀，其實見識甚隘，不通外國情形，加以近年耄氣益深，絕不以改革爲然。故恭親王未死時，皇上欲改革而不能，因王爲軍機首座，不肯奉詔，皇上無如何也。王雖無識，不知改革，然尚知大義，且嘗受文宗皇帝遺詔，令其節制西后，故西后頗憚之，廢立之舉，恭王力持不可，西后亦無如何也。

自四月初十以後，皇上日與翁同龢謀改革之事，西后日與榮祿謀廢立之事。四月二十三日皇上下詔誓行改革，二十五日下詔命康有爲等於二十八日覲見，而二十七日西后忽將出一朱諭強令皇上宣布，其諭略云：

> 協辦大學士戶部尚書翁同龢，近屢次經人奏參，且於召對時出言不遜，漸露攬權狂悖情形，本當從重懲處。姑念在毓慶宮行走多年，著加恩准其開缺回籍，以示保全。欽此。

皇上見此詔，戰慄變色，無可如何，翁同龢一去，皇上之股肱頓失矣。及翁同龢之出京也，榮祿贐之以千金，且執其手嗚咽而泣，問其何故開罪於皇上云。嗚呼！李林甫之口有蜜腹有劍，於今復見，小人之伎倆誠可畏哉。

此四月二十七日事也。同日並下有數詔書，皆出西后之意，其一命凡二品以上官授職者，皆須到皇太后前謝恩，其二命王文韶、裕祿來京，命張之洞毋庸來京。其三命榮祿爲直隸總督北洋大臣，而九月間皇上奉皇太后巡幸天津閱兵之舉，亦以此日決議。蓋廢立之謀，全伏於此日矣。榮祿之不入軍機而爲北洋大臣何也？專爲節制北洋三軍也。北洋三軍，曰董福祥之甘軍，曰聶士成之武毅軍，曰袁世凱之新建軍。此三人皆榮祿所拔擢，三軍皆近在畿輔，榮祿諷御史李盛鐸奏請閱兵，因與西后定巡幸天津之議，蓋欲脅皇上至天津因以兵力廢立。此意滿洲人多知之，漢人中亦多爲皇上危者，而莫敢進言。翁同龢知之，不敢明言，惟叩頭諫止天津之行。而榮祿等即借勢以去之，皇上之危險，至此已極矣。

初二三月間，榮祿嘗欲聯合六部九卿上奏，請西后復行垂簾，先謀之於兵部尚書徐郙。徐郙曰：「奈清議何？」事遂沮。李盛鐸又欲聯御史連署請垂簾，奔走數日，不能得，有兩人皆模稜兩可，亦不能成。及巡幸天津之議既定，遂不復謀此事。

西后與榮祿等既布此天羅地網，視皇上已同釜底遊魂，任其跳躍，料其不能逃脫，於是不復防閒，一聽皇上之所爲。故皇上數月以來，反因此得有一二分之主權，以行改革之事。當皇上之改革也，滿洲大臣及內務府諸人，多跪請於西后，乞其禁止皇上。西后笑而不言，有涕泣固請者，西后笑且罵曰：「汝管此閒事何爲乎？豈我之見事猶不及汝耶？」自此無以爲言者。或問於榮祿曰：「皇上如此妄爲，變亂祖制，可奈何？」榮祿曰：「姑俟其亂鬧數月，使天下共憤，罪惡貫盈，不亦可乎？」蓋彼之計畫早已定，故不動聲色也。

自四月以來，北京謠言極多，皆言皇上病重，初言患淋症，繼言患腹瀉症，繼言患遺精症，繼言患咳嗽症，皆云自內務府太醫院傳出，確鑿有據。或言張蔭桓進紅丸，或言康有爲進紅丸，亦皆言之確鑿。蓋皆西后與榮祿等有意造此謠言，以爲他日弒害皇上，及坐康張等罪名之地也。彼等言皇上無時不病重，然皇上日日辦事，召見大小臣，且間數日必詣頤和園向西后前請安，常在瀛秀園門跪迎跪送西后，是豈有病之人所能如是耶？有人問軍機大臣王文韶云，皇上之病實何如？王曰：「吾日日見皇上，實不覺其有他病，但有肝病耳。」蓋皇上每怨諸臣之疲玩，常厲聲責之，故王謂其肝火盛也。譚嗣同召見時，當面詢皇上病體若何，皇上言朕向未嘗有病，汝何忽問此言，譚乃惶恐免冠謝云。觀此，則皇上之無病甚確矣。而彼等之造此言者，蓋欲他日加害皇上，而以病崩布告天下，箝塞人口也。至其謂康張進紅丸，出入宮禁，蓋欲俟加害皇上後，即以此誣坐二人之罪。其布置歷歷可數矣，政變之日（八月初六日），北京即有電旨往上海，言皇上已崩，係康有爲進紅丸所弒，急速逮捕就地正法云云。此電旨上海道持以告各國領事，請其協拿，英領事親見之。夫皇上至今尚存，而彼於八月初六日，即誣康已弒皇上之罪，蓋其蓄謀甚久，欲加害皇上，而歸罪於康。故先造此謠言，令人人皆信也。

至七月初間，皇上忽語慶親王云：「朕誓死不往天津。」七月中旬，天津罷行之說，已宣傳於道路。當時適值革禮部六堂官，擢軍機四京卿之時。守舊黨側目相視，七月二十間，滿大臣懷塔布、立山等七人，同往天津謁榮祿。越數日，御史楊崇伊等數人，又往天津謁榮祿，皆不知所商何事。而榮祿遽調聶士成之軍五千人駐天津，又命董福祥之軍移駐長升店（距北京彰義門四十里）。七月二十九日，皇上召見楊銳。是日有旨命袁世凱入京，八月初一日召見袁世凱，即日超擢爲侍郎，初二日復召見袁世凱，是日又召見林旭，而御史楊崇伊、張仲炘等，亦於是日詣頤和園上封事於太后云。初三日榮祿忽有電報達北京，言英、俄已在海參崴開戰，現各國有兵船十數艘在塘沽，請即遣袁世凱回天津防堵，袁世凱即於初四日請訓出京，而皇上命其初五乃行，於初五日復召見袁世凱，至初六日而遂有西后垂簾，志士逮捕之事。

二十八日之召見楊銳，初二日之召見林旭，初五日之召見袁世凱，皇上皆賜有朱筆密諭。二十八日之諭係賜楊銳及康有爲、譚嗣同，林旭、劉光第等五人，初二日之諭係專賜康有爲，初五日之諭係專賜袁世凱云。聞袁世凱既退朝語人云，皇上若責我以練兵，我不敢不奉詔，若他事則非我之所知也。故當時北京之人，咸疑皇上三密詔中，皆與諸臣商廢幽西后之事。而政變之時，賊臣即藉此以爲謀圖頤和園之僞詔以誣污皇上者也，後康有爲將前兩諭宣布，不過託諸臣保護，及命康出外求救之語，然則袁之密諭，亦無廢后之事可想而知。今將賜康有爲等之兩諭揭載於下。

朕惟時局艱難，非變法不能救中國，非去守舊衰謬之大臣而用通達英勇之士不能變法，而皇太后不以為然，朕屢次幾諫，太后更怒，今朕位幾不保。汝康有為、楊銳、林旭、譚嗣同、劉光第等，可妥速密籌，設法相救，朕十分焦灼，不勝企望之至。特諭。

右七月二十八日，諭康有爲、楊銳、林旭、譚嗣同、劉光第五人，由楊銳帶出。

朕今命汝督辦官報，實有不得已之苦衷，非楮墨所能罄也。汝可迅速出外，不可延遲，汝一片忠愛熱腸，朕所深悉，其愛惜身體，善自調攝，將來更效馳驅，共建大業，朕有厚望焉。特諭。

右八月初二日諭康有爲一人，由林旭帶出。

自初六日垂簾之詔既下，初七日有英國某教士向一內務府御膳茶房某員，詢問皇上聖躬安否，某員言皇上已患失心瘋病，屢欲向外逃走云。蓋皇上自恐不免，因思脫虎口也，而爲西后之黨所發覺，乃將皇上幽閉於南海之瀛台。南海者大內之離宮也。瀛台在海之中心，四面皆環以水，一面設板橋以通出入，台中約有十餘室云。當皇上之欲外逃也，聞有內監六人導之行，至是將六監擒獲，於十三日與六烈士一同處斬。而西后別易己所信任之內監十餘人以監守瀛台，名雖至尊，實則囚虜矣。

八月十三日，忽有一上諭，言皇上自四月以來病重，宣詔天下名醫入宮醫治。國人見此詔書，無不駭詫，蓋皇上自四月以來，召見引見群臣，不下數百人，日日辦事，早朝晏罷，聖躬之無病，眾所共見，乃今忽有此詔，蓋西后榮祿等之用意有三端焉：一欲施酖毒，二欲令皇上幽囚抑鬱逼勒而死，三欲借皇上久病之名，因更立太子，強使禪位也。蓋彼欲行此三策，必須誣皇上爲久病，然後不至動天下之兵。故數月以來，內務府遍布病重之謠言，皆以此故。猶恐天下之人不見信，故特降此僞詔，其用心之險毒已極矣。

自八月初十日至三十日之間，杖殺之宮女內監，其數甚多。聞皆在懷中搜出有槍刀等器，西后謂其欲行刺己，故殺之云。至內監等之帶槍刀，或為保護皇上，實未可知，要之不可謂非義士也。又聞某日在宮中搜出西衣數襲，乃有某優伶攜入者，疑是皇上欲易衣裝，託於英國、日本使館云。事既露，優伶等亦被捕。蓋皇上處樊籠之中，其困苦顛連之情形，可以想見矣。

自九月以後，立儲易位之議，道路傳說，初議立慶親王之子，又議立貝勒載濂之子，因有宗室二人，堅持不允，大臣亦有以為言者。故不敢明目張膽以行之，然杖殺太監之事，日有所聞。又九月初二日皇上在瀛台微行，已至某門，經太監蘇拉等跪阻，仍還瀛台。次日西后命將瀛台之板橋拆去，向來皇上用御膳，除例備一席外，另有西后賜皇上一席，皇上每日向食西后所賜之一席。蓋例席實皆腐冷之品，不能入口也。至是西后命將賜席裁撤，而例備之一席菜蔬品數，亦命遞減云。

法國醫士入診後，其詳細情形，外間傳言不一，而最可詫駭者，則某西報戴述法醫之言，謂皇上每日飲食中，皆雜有硝粉，故病日增云云。此雖未知確否，然以意揣之，實不能謂其必無。蓋廢立與毒殺，皆恐動天下之清議，故不如為無形之毒殺也。陽曆十月某日，日本《時事新報》載有北京特派員來書，述廢立情形，最能窺見滿洲黨人之用心。今照錄如下：

太后欲九月八九日廢立皇上，預約慶、端二親王率神機營之兵入宮，發西太后之詔而舉事，而卒不見諸實事者，亦有故也。廢立之謀，自攝政時已定計畫，非猝然而起也。自攝政以來，悉廢皇上之新政，帝黨或刑或放，或革帝之愛妃，亦剝奪其首飾，以今之天時，猶穿單衣。此皆以禁制皇上之自由，而使毫無生趣者也。今傳聞政變以來，宮人咸懷匕首，潛跡宮中，不幸發覺，竟被斬戮者甚多，故太后深憂之。滿洲人之意，以為太后既老，皇上方壯，若太后一旦死，恐皇上復政，不利於己，故不如及太后在時，絕其根也。然彼輩之所恐者，一日廢立，國人必有興師問罪，而外國亦必責問之。故尚猶豫，雖然亦不足為皇上幸也。今託詞皇上有疾，召集名醫，而觀九月三日之病論，則可為深慮焉。蓋彼輩之意，以為廢病危之帝，而招天下物議，不如俟其自死。今惟設法速其死而已。故皇上今有大病，而求米粥則不得，求雞絲則不得，凡所求食，皆詭詞拒之。故傷其意，而太后置若罔聞，惟數日一招優伶入宮，臨觀取樂而已。或曰已召濂貝勒之第三子於宮中將立之云。

按以上所論，最得北京宮廷之情實矣。以慶、端二王為后所最親信也。然其所謂廢立之謀，自攝政時已定，猶未為深悉情形，蓋廢立之謀，實定於四月二十七日，非深入局中之人不能知也。帝之愛妃，至今日猶僅穿單衣，與虐待澍貝勒之情形，眞同出一轍。而於皇上之病，求米粥不與，求雞絲不與，則與往者逼死毅后之事又全同矣。

第四章　論此次乃廢立而非訓政

或問曰：今次之政變，不過垂簾訓政而已。廢立之說，雖道路紛傳，然未見諸實事，今子乃指之爲廢立，得無失實乎？答之曰：君之所以爲君者何在乎？爲其有君天下之權耳，既纂君權，豈得復謂之有君。夫歷代史傳載母后亂政之事，垂以爲誡者，既不一而足矣，然歷代母后垂簾，皆因嗣君幼衝，暫時臨攝，若夫已有長君，而猶復專政者，則惟唐之武后而已，卒乃易唐爲周，幾覆宗社。今日之事，正其類也。皇上即位既二十四年，聖齡已二十九歲矣。臨御宇內，未聞有失德，勤於政事，早朝晏罷。數月以來，乾斷睿照，綱舉目張，豈同繈褓之子，猶有童心者。而忽然有待於訓政何哉？且賊臣之設計固甚巧矣，廢立之顯而驟者，天下之人皆得誅其罪，廢立之隱而漸者，天下之人皆將受其愚。今夫瀛台屏居，內豎監守，撤出入之板橋，減御膳之品物，起居飲食，不能自由，如此，則與囚虜何異？既已囚虜矣，而猶告天下曰，吾非廢立也，天下之人，亦從而信之。嗚呼！何天下之人之易愚弄也？

或又問曰：子言誠然矣，然讀八月初六日上諭，則西后之垂簾，實皇上所懇請。天下之人，雖欲討賊問罪而無辭也。答之曰：子不讀漢獻帝禪位曹丕之詔乎？

獻帝屢禪，曹丕屢讓，若有大不得已者然。自此以往，歷代篡弒者，皆循茲軌。然則可謂曹丕之踐祚，實由漢獻之懇請乎？嗚呼！爲此說者，非大愚即大悖耳。

第三篇　政變前紀

第一章　政變之總原因

政變之總原因有二大端：其一由西后與皇上積不相能，久蓄廢立之志也，其二由頑固大臣痛恨改革也。西后之事，既詳前篇，今更紀頑固黨之事如下：

去年湖南巡撫陳寶箴擬在湖南內河行小輪船。湖廣總督張之洞不許曰：「中國十八省惟湖南無外國人之足跡，今一行小輪船，則外人將接踵而至矣。」陳詰張曰：「我雖不行小輪，寧能禁外人之不來乎？」張曰：「雖然但其禍不可自我當之耳，若吾與君離湖南督撫之任，以後雖有事而非吾兩人之責也。」於是小輪船之議卒罷。去年之冬，德人踞膠州，歐洲列國分割支那之議紛起，有湖南某君謁張之洞詰之曰：「列國果實行分割之事，則公將何以自處乎？」張默然良久曰：「雖分割之後，亦當有小朝廷，吾終不失爲小朝廷之大臣也。」某君拂衣而去，吾今又有一言告於讀此書者，若不能知中國全國二品以上大員之心事如何，則張之洞此兩語其代表也。

嗚呼！張公固大臣中之最賢而有聞於時者也，然其言猶若此，況其他出張公之下數等者乎？故今綜全周大臣之種類而論之，可分爲數種類：其一瞢然不知有所謂五洲者，告以外國之名，猶不相信，語以外患之危急，則曰此漢奸之危言聳聽耳，此一種也。其二則亦知外患之可憂矣，然自顧已七八十之老翁矣，風燭殘年，但求此一二年之無事，以後雖天翻地覆，而非吾身之所及見矣，此又一種也。其三以爲即使吾及身而遇亡國之事，而小朝廷一日尚在，則吾之富貴一日尚在，今若改革之論一倡，則吾目前已失舞弊之憑藉，且自顧老朽不能任新政，必見退黜，故出死力以爭之，終不以他年之大害，易目前之小利也，此又一種也。嗚呼！全國握持政柄之人，無一人能出此三種之外者，而改革黨人乃欲奮螳臂而與之爭，譬猶孤身入重圍之中，四面楚歌，所遇皆敵，而欲其無敗衄也得乎？

第二章 政變之分原因

政變之分原因多矣，今擇其稍重大者條列之。

一，戊戌三月，康有爲、李盛鐸等同謀開演說懇親之會於北京，大集朝士及公車數百人，名其會曰保國。後李盛鐸受榮祿之戒，乃除名不與會。已而京師大嘩，謂開此會爲大逆不道，於是李盛鐸上奏劾會，御史潘慶瀾、黃桂鋆繼之，皇上概不問，而謠諑之起，遍於全都。

二，同月梁啓超等聯合舉人百餘人，連署上書，請廢八股取士之制，書達於都察院，都察院不代奏，達於總理衙門，總理衙門不代奏。當時會試舉人集輦轂下者將及萬人，皆與八股性命相依，聞啓超等此舉，嫉之如不共戴天之仇，遍播謠言，幾被毆擊。

三，先是湖南巡撫陳寶箴，湖南按察使黃遵憲，湖南學政江標、徐仁鑄，湖南時務學黨總教習梁啓超，及湖南紳士熊希齡、譚嗣同、陳寶箴之子陳三立等，同在湖南大行改革，全省移風，而彼中守舊黨人嫉之特甚，屢遣人至北京參劾，於是左都御史徐樹銘、御史黃均隆相繼入奏嚴劾，皇上悉不問，而湖南舊黨之焰益熾，乃至哄散南學會，毆打湘報上筆，謀毀時務學堂，積謀數月，以相傾軋。

四，於四月二十三日皇上下詔定國是，決行改革，於是諸臣上奏，雖不敢明言改革之非，而腹誹益甚。五月初五日下詔廢八股取士之制，舉國守舊迂謬之人，失其安身立命之業，自是日夜相聚，陰謀與新政爲敵之術矣。禮部者科舉學校之總匯也，禮部尚書許應騤，百計謀阻撓廢八股之事，於是御史宋伯魯、楊深秀劾之，許應騤乃轉劾康有爲，皇上兩不問。

五，先是二月間，康有爲上書大陳變革之方，大約以革除壅蔽，整定官制爲主義，請在京城置十二局，凡局員皆選年力精壯講習時務者爲之。書既上，皇上飭下總理衙門議行，總理衙門延至五月尚未復奏，蓋意在敷衍搪塞也。至四月二十三日，國是之詔既下，皇上乃促總署速議復奏。總署議奏，駁不可行。上震怒，至五月十七日，復命軍機大臣與總署會議，同月二十五日議復，仍駁其不可行。上益怒，親以朱筆書上諭命兩衙門再議，有須切實議行，毋得空言搪塞之語，兩衙門乃指其書中之末節無關大局者准行數條，其大端仍是駁斥。上無如之何，太息而已。夫皇上既知法之當變矣，既以康有爲之言爲然矣，而不能斷然行之，必有藉於群臣之議者何也，蓋知西后之相忌，故欲藉眾議以行之，明此事之非出於皇上及康有爲之私見也。而諸臣之敢於屢次抗拂上意者，亦恃西后爲護符，欺皇上之無權也。當五月間大臣屢駁此書，皇上屢命再議之時，舉京師謠言紛紜不可聽聞，皆謂康有爲欲盡廢京師六部九卿衙門，彼盈廷數千醉生夢死之人，幾皆欲得康之肉而食之，其實康不過言須增新衙門耳，尚未言及裁舊衙門也。而訛言已至如此，辦事之難，可以概見矣。皇上病重之說，亦至此時而極盛，蓋守舊者有深意焉矣。

六，皇上自四月以來，屢次所下新政之詔，交疆臣施行，而疆臣皆西后所擢用，不知有皇上，皆置詔書於不問，皇上憤極而無如之何。至六月初十日詔嚴責兩江督臣劉坤一、兩廣督臣譚鍾麟、直隸督臣榮祿，又將督撫中之最賢而能任事之陳寶箴，下詔褒勉，以期激發疆臣之天良，使有所勸懲，稍襄新政，不意各疆臣怨望益甚，謗讟紛起，而頑固之氣，卒不少改，惟嫉視維新之臣若仇敵耳。

七，中國之淫祠，向來最盛，虛糜錢帑。供養莠民，最爲國家之蠹。皇上於五月間下詔書，將天下淫祠悉改爲學堂。於是奸僧惡巫，咸懷咨怨，北京及各省之大寺，其僧人最有大力，厚於貨賄，能通權貴，於是交通內監，行浸潤之譖於西后，謂皇上已從西教，此亦激變之一小原因也。

八，至七月間，候補京堂岑春煊上書請大裁冗員，皇上允其所請，特將詹事府、通政司、光祿寺、鴻臚寺、太常寺、太僕寺、大理寺，及廣東湖北雲南巡撫、河東總督、各省糧道等官裁撤。此詔一下，於是前者尸位素祿闒冗無能、妄自尊大之人，多失其所恃，人心惶惶，更有與維新諸臣不兩立之勢。

九，中國之大弊，莫甚於上下壅塞，下情不能上達。至是皇上屢命小臣上書言事，長台不得阻抑。乃七月間禮部主事王照上書，請上遊歷外國。禮部堂官等不為代達，皇上震怒，乃將禮部尚書懷塔布等六人革職，賞王照以四品京堂，是為皇上初行賞罰之事。此詔之下，維新者無不稱快，守舊者初而震恐，繼而切齒，於是懷塔布、立山等，率內務府人員數十人環跪於西后前，痛哭而訴皇上之無道，又相率往天津就謀於榮祿，而廢立之議即定於此時矣。皇上於二品以上大員，無進退黜陟之權，彼軍機大臣及各省督撫等屢抗旨，上憤極而不能黜之。此次乃僅擇禮部閒曹無關緊要之人，一試其黜陟，而大變已至矣，皇上無權，可勝慨哉。

十，皇上至是時亦知守舊大臣與己不兩立，有不顧利害，誓死以殉社稷之意，於是益放手辦事，乃特擢楊銳、林旭、劉光第、譚嗣同四人，參預新政。參預新政者，猶唐之參知政事，實宰相之任也。命下之日，皇上賜四人以一密諭，用黃匣親緘之，蓋命四人盡心輔翼新政，無得瞻顧也。自是凡有章奏，皆經四人閱覽，凡有上諭，皆由四人擬稿，軍機大臣側目而視矣。

十一，自禮部堂官革職以後，令天下士民始得上封奏，於是士氣大伸，民隱盡達，維新之士，爭出其所懷以聞於朝廷。刑部主事張元濟，有請除滿漢界限，廢科舉，去拜跪，設議院之事。工部主事李岳瑞，亦請去拜跪，用客卿，大裁冗員翰林衙門等，嘉謨入告，紛綸輻輳，而守舊大臣，日日陰謀，亦復無所憚忌。

十二，上既廣採群議，圖治之心益切，至七月二十八日，決意欲開懋勤殿選集通國英才數十人，並延聘東西各國政治專家，共議制度，將一切應興應革之事，全盤籌算，定一詳細規則，然後施行。猶恐西后不允茲議，乃命譚嗣同查考雍正、乾隆、嘉慶三朝開懋勤殿故事，擬一上諭，將持至頤和園，稟命西后，即見施行，乃越日而變局已顯，衣帶密詔旋下矣。

十三，七月二十九日皇上召見楊銳，賜以密諭，有朕位幾不能保之語，令其設法救護，乃諭康有為及楊銳等四人之諭也。當時諸人奉詔涕泣，然意上位危險，諒其事發在九月閱兵時耳。於時袁世凱召見入京，亦共以密詔示之，冀其於閱兵時設法保護，而卒以此敗事。

附記　保國會事

論政變之起，保國會實爲最大之一原因焉，今詳記其事於下。自膠州、旅順既割，京師人人震恐，懼分割之即至，然惟作楚囚相對，束手待亡耳。於是康有爲既上書求變法於上，復思開會振士氣於下，於是與□□□等開粵學會，與楊銳等開蜀學會，與林旭等開閩學會，與楊深秀□□□等開陝學會，京師士夫，頗相應和。於時會試期近，公車雲集，御史李盛鐸乃就康謀，欲集各省公車開一大會，康然之，是爲保國會議之初起。康復欲集京官之有志者，李不謂然，後卒從康議。於三月二十七日，在粵東會館第一集，到會者二百餘人，時會中公推康及李及□□□□□等演說，而李以事後至，是日公擬保國章程三十條，今錄於下：

一，本會以國地日割，國權日削，國民日困，思維持振救之，故開斯會以冀保全，名為保國會。二，本會遵奉光緒二十一年閏五月二十七日上諭，臥薪嘗膽，懲前毖後，以圖保全國地、國民、國教。三，為保國家之政權、土地。四，為保人民種類之自立。五，為保聖教之不失。六，為講內治變法之宜。七，為講外交之故。八，為仰體朝旨，講求經濟之學，以助有司之治。九，本會同志，講求保國、保種、保教之事，以為論議宗旨。十，凡來會者，激勵憤發，刻念國恥，無失本會宗旨。十一，自京師上海設保國總會，各省各府各縣皆設分會，以地名冠之。十二，會中公選總理若干人，值理若干人，常議員若干人，備議員若干人，董事若干人，以同會中人多推薦者為之。十三，常議員公議會中事。十四，總理以議員多寡決定事件推行。十五，董事管會中雜事，凡入會之事，及文書會計一切諸事。十六，各分會每年於春秋二八月，將各地方入會名籍寄總會。十七，各地方會議員，隨其地情形，置分理議員約七人。十八，董事每月將會中所收捐款登報。十九，各局將入會之姓名、籍貫、住址、職業隨時登記，各分局同。二十，欲入會者須會中人介之，告總理值理，察其合者，予以入會憑票。二十一，入會者若心術品行不端，有污會事者，會眾除名。二十二，如有意見不同，准其出會，惟不許假冒本會名滋事。二十三，入會者人捐銀二兩，以備會中辦事諸費。二十四，會期有大會、常會、臨時會之分。二十五，來會者不論名位學業，但有志講求，概予延納，德業相勸，過失相規，患難相恤，務推藍田鄉約之義，庶自保其教。二十六，捐助之款，寫明姓名爵里，交本會給發收條為據。本會將姓名爵里學業寄寓，按照聯票號數匯編存記，聯票皆有總值理及董事圖章。二十七，來會之人，必求品行、心術端正明白者，方可延入。本會中應辦之事，大眾隨時獻替，留備採擇，倘別存意見，或誕妄挾私，及逞奇立異者，恐其有礙，即由總理值理董事諸友，公議辭退。如有不以為然者，到本會申明，捐銀照例充公，去留均聽其便。二十八，商董兼司帳，須習知貿易書籍情形及刷印文字者充其選，必須考查確實，一秉至公，倘涉營私舞弊，照例責賠，經手之董事會友凡預有保薦之力者，亦須一律罰。二十九，本會用項，概由值董核發，如有巨款在千數百金以上者，須齊集公議，方准開支，收有成數，擇殷實商號存儲，立摺支取，如存數漸多，亦可議生利息，發票之期，按幾日為限，由值董眼同經理。三十，總理董事，均仗義創辦，不議薪資，將來局款大盛，須專請人辦理，始議薪水，惟撰報、管書、管器、司事、教習、遊歷、司帳，酌量給予薪水。

蓋自明世徐華亭集士大夫數千人，講學於靈濟宮，至今三百年，未有聚大眾於輦轂爲大會者，此會實繼之。守舊之士，頗駭其非常。再會於崧雲草堂，三會於貴州館，來會者尚過百人，謗議漸風起，多有因強學前轍，以禍患來告者，康有爲不懾也。先是江西人主事洪嘉與者，桀黠守舊有氣，久於京師，能立黨與，經膠變後，聞康名來，三謁不遇，閽人忘其居，未答拜。是時公車雲集，各省士夫來見，客日數十，應接不暇，多不能答拜者。洪大恨，乃餂浙人孫灝曰，某公惡康，若能大攻之，當爲薦經濟特科，孫故無賴，乃大喜。洪乃爲著一書駁保國會，遍印送京師貴人，守舊大臣皆喜信其說，滿人無遠識，不知外事，輾轉傳聞，一唱百和。於是謗議大興，時保滇會、保浙會並起，洪嘉與又聳御史黃桂鋆劾之，並及保國會，李盛鐸恐被禍，乃上疏劾會，以求自免，皇上置不問。御史潘慶瀾繼劾之，軍機大臣剛毅將查究會中人，皇上曰：「會能保國，豈不大善，何可查究耶？」事遂止。五月禮部尚書許應騤劾之，御史文悌復上長摺糾劾康有爲，其說尤誣而厲，謂保國會之宗旨在保中國不保大清，此摺實後來興大獄之張本也。至八月政變後，僞上諭中遂引此語爲康之罪名，而楊深秀、楊銳、林旭、劉光第，皆以保國會員獲罪被戮。蓋文悌之語，深入滿人之心也。夫人雖至愚，亦何至合宗室滿漢之數百士大夫於京師，而公然作叛逆之詞。以不保大清告大眾者，保國會之章程，既載於右，其中無不保大清之語意，人人共見矣。今復將康有爲所演說者錄於下：

吾中國四萬萬人，無貴無賤，當今日在覆屋之下，漏舟之中，薪火之上，如籠中之鳥，釜底之魚，牢中之囚，為奴隸，為牛馬，為犬羊，聽人驅使，聽人割宰。此四千年中二十朝未有之奇變，加以聖教式微，種族淪亡，奇慘大痛，真有不能言者也。吾中國自古為大一統國，環列皆小國，若緬甸、朝鮮、安南、琉球之類，吾皆鞭箠使之，其自大也久矣。故在國初時，視英、法各國皆若南洋小島，雖以紀文達校訂四庫，趙甌北劄記二十二史。阮文達為文學大宗，皆博極群書，而紀文達謂艾儒略職方外紀，南懷仁坤輿圖說，如中土瑤台閬苑，大抵寄託之辭。趙甌北謂俄羅斯北有準噶爾大國，以銅為城，二百方里。阮文達《疇人傳》不信對足抵行，今人環遊地球，座中諸公有踏遍者。吾粵販商估客，亦視為尋常，而乾嘉時博學如諸公，尚未之知。至道光十二年，英人輪舟初成，橫行四海，以輪船二艘犯廣州，兩廣總督盧敏肅，以三千師船二萬兵禦之而敗，盧公曾平猺匪趙金龍者，宣宗成皇帝詔謂盧坤昔平趙金隴曾著微勞，不料今日無用至此。盧敏肅雖言洋船極大，而既無影鏡燈片，宣宗無從見之，無能自白也。暨道光二十年，林文忠始譯洋報，為講求外國情形之始。敗於定海舟山，裕謙、牛鑒、劉韻珂繼敗，艦入長江，而砲震天津，乃開五口，宣宗乃知洋人之強在船堅砲利，命仿製之，西人如何，實未知也。道光二十九年，咸豐六年、八年、十年，屢戰屢敗，輸數千萬。開十一口，乃至破京師，文宗狩熱河，洋使入住京師，亦可謂非常之變矣，然而士大夫以犬羊視之，深閉固拒。同治三年斌椿遍遊各國，等於遊戲，無稍講求之者。曾文正與洋人共事，乃始少知其故，開製造局譯書，置同文館、方言館、招商局。文文忠乃遣美人蒲安臣與志剛孫嘉穀出使各國，首用洋人，如古之安史那金日磾，實為絕異之事。當時欲遣京官五品以下正途翰林六曹出身入同文館讀書，最為通達，而倭文端限之，自是雖軺車歲出，而士大夫深惡外人，蔽拒如故。甲申之役，張南關之功，日益驕滿。鄙人當時考求時局，以為俄窺東三省，日本講求新治，驟強示威，必取朝鮮，曾上書請及時變法自強，而當時天下皆以為狂。壬辰年傅蘭雅譯書事略，言上海製造局譯出西書，售去者僅一萬三百餘部。中國四萬萬人，而講書者乃只有此數，則天下士講求中外之學者，能有幾人，可想見矣。非經甲午之役割台償款，創巨痛深，未有肯翻然而改者，至此天下志士，乃知漸漸講求。自強學會首倡之，遂有官書局、《時務報》之繼起，於是海內繽紛，爭言新法，自此舉始也。然甲午之後，仍不變法，間有一二，徒為具文，即如海軍、電線、鐵路、船局、船廠，間有一二，然變其甲不變其乙，變其一不變其二。牽連相累，必至無成，其他且勿論。即如被創之後，而兵未嘗增練，鐵艦不再購一艘，吾綠營兵六十餘萬，八旗兵三十餘萬，實皆老弱，且各有業，託名伍籍中。泰西以民為兵，吾則以兵為民，何以敵之？若夫泰西立國之有本末，重學校，講保民、養民、教民之道，議院以通下情，君不甚貴，民不甚賤，製器利用以前民，皆與吾經義相合，故其致強也有由。吾兵農學校皆不修，民生無保養教之之道，上下不通，貴賤隔絕者，皆與吾經義相反，故宜其弱也。故遂復有膠州之事，四十日之間，要挾逼迫者二十事。其一德之強租膠州，人所共知也。其二則英欲借我款三釐息，而俄不許矣。其三欲開大連灣通商，俄不許矣。其四欲開南寧通商，俄不許矣。其五借英款不成，而內河全許駛行輪船矣。其六西貢燒教堂，法索我償款十萬矣。其七姚協贊調補山東道，德人限二十四點鐘撤去矣。其八津鎮鐵路過山東，三電德廷，德不許矣。其九改道過河南，德亦不許，後請英、美使言之乃許矣。其十聶軍請俄教習，而訂明不歸統領節制矣。其十一俄教習去留，須候俄廷旨矣。其十二俄人勒逐德教習四人矣。其十三直隸、山西、東三省練兵，必須請俄教習矣。其十四長江左右釐金，盡歸稅務司矣。其十五德人既得膠州百里，復索增廣矣。其十六既得增廣，又索鐵路矣。其十七既得鐵路，又索全省矣。其十八既得鐵路，又索全省商務矣。其十九俄人要割旅順、大連灣、金州矣。其二十法人索廣州灣，又訂兩廣、雲貴不得讓與他國矣。此皆今年二月以前之事，其此後英之索威海，日本之訂福建不得讓與別國等事，尚未及計也。夫築路待商之德廷，道員聽其留逐，是皇上之權已失。賈誼所謂何忍以帝王尊號為戎人諸侯，二月以來，失地失權之事，已二十見，來日方長，何以卒歲？緬甸、安南、印度、波蘭，吾將為其續矣。觀分波蘭事，脅其國主，辱其貴臣，荼毒縉紳，真可為吾之前車哉。必然之零，安能僥倖而免乎？印度之被滅，無作第六等以上人者，自乾隆三十六年，至光緒二年，百餘年始有議員二人。香港隸英人，至今尚無科第。人以買辦為至榮，英人之寠貧者皆可為大班，吾華人百萬之富，道府之銜，紅藍之頂，乃多為其一洋行之買辦，立侍其側，仰視顏色，嗚呼哀哉！及今不自強，恐吾四萬萬人，他日之至榮者不過如此也。元人始來中國，嘗廢科舉矣，其視安南之進士，抱布貿絲，有以異乎？故我士大夫設想他日，真有不可言者，即有無恥之輩，發憤作貳臣，前朝所極不齒者，而西人必不用中人，以西人之官必有專門，非專學不能承乏也。若使吳梅村在，他日將並一教官不能得，安敢望祭酒哉？即欲如熊開元作僧，而西教專毀像教，佛像佛殿，將無可存，僧於何依，即欲蹈東海而死。吾中國無海軍，即無海境，此亦非我乾淨土矣。做貳臣不得，做僧不得，死而蹈東海不得，吾四萬萬之人，吾萬千之士大夫，將何依何歸何去何從乎？故今日當如大敗之餘，人自為戰，救亡之法無他，只有發憤而已。窮途單路，更無歧趨。韓信背水之軍，項羽沉舟之戰，人人懷此心，只此或有救法耳。然割地失權之事，既忌諱秘密，國家又無法入師丹之油畫院，繪敗圖以激人心。薄海臣民，多有不知者，或依然太平歌舞，晏然無事，尚紛紛求富貴求保舉，或乃日暮途遠，倒行而逆施之。孟子曰：「國必自伐然後人伐之。」故割地失權之事，非洋人之來割脅也，亦不敢責在上者之為也。實吾輩甘為之賣地，甘為之輸權，若使吾四萬萬人皆發憤，洋人豈敢正視乎？而乃安然耽樂，從容談笑，不自奮厲，非吾輩自賣地而何？故鄙人不責在上而責在下，而責我輩士大夫，責我輩士大夫義憤不振之心，故今日人人有亡天下之責，人人有救天下之權者。考日本昔為英美所陵，其弱與我同，今何以能取我台灣，滅琉球而制朝鮮，得我償款二萬萬。此日本之兵強為之耶？非也。其相伊藤，其將大山為之耶？非也。嘗推考如此大事，乃一布衣高山正芝之所為，高山正芝，哀國之衰不能變法，憤大將軍之擅政，終日在東京痛哭於通衢，見人輒哭，終以哭死。於是西鄉、吉田、藤田、蒲生秀實之流，出而言尊攘，大久保利通、岩倉具視、木户孝允、板桓退助、三條實美、大隈重信，出而談變法，日本乃盛強。至明治以後，日人賞維新之功，乃贈高山正芝四品卿，賜男爵，凡物作始也簡，將畢也鉅。嗚呼！誰知日本之治，盛強之效，乃由一諸生無權無勇無智無術而成之耶？蓋萬物之生，皆由熱力，有熱點故生諸天，有熱點故生太陽，太陽熱之至者，去我不知幾百萬億里，而一尺之地，熱可九十匹馬力。故能生地，能生萬物，被其光熱者，莫不發生，地有熱力，滿腹皆熱汁火汁，故能運轉不息，醫者視人壽之長短，察其命門火之衰旺，火衰則將死，至哉言乎。故凡物熱則生，熱則榮，熱則漲，熱則運動。故不熱則冷，冷則縮，則枯，則乾，則夭死，自然之理也。今吾中國以無動為大，無一事能舉，民窮財盡，兵弱士愚，好言安靖而惡興作，日日割地削權，命門火衰矣，冷矣，枯矣，縮矣，乾矣，將危矣。救之之道，惟增心之熱力而已。凡能辦大事復大仇成大業者，皆有熱力為之，其心力弱者，熱力減故也。胡文忠謂今日最難得者是忠肝熱血人。范蔚宗謂桓靈百餘年傾而未顛，危而未墜者，皆由仁人君子心力之為，凡古稱烈士、志士、義士、仁人，皆熱血人也。視其熱多少以為成就之大小。若熱如螢火如燈則微矣，並此而無之，則死矣。若如一大火團，至百二十度之沸度，則無不灼矣。若如日之熱，則無所不照，無所不燒，熱力愈大，漲力愈大，吸力愈多，生物愈榮，長物愈大，故今日之會，欲救亡無他法，但激勵其心力，增長其心力，念茲在茲，則爝火之微，自足以爭光日月。基於濫觴，流為江河，果能合四萬萬人，人人熱憤，則無不可為者，奚患於不能救。

此演說之語，乃當時會中人傍聽筆記，登錄於天津《國聞報》中者，後各報亦輾轉登之，人人共見，其中之語，豈有一字一句含不保大清之意者，而文悌乃深文羅織而言之，眾人亦吠影吠聲而信之，非天下可憐可憤之事耶？

開此會之意，欲令天下人咸發憤國恥，因公車諸士而摩厲之，俾遠而激勵其鄉人，以效日本維新志士之所爲，則一舉而十八行省之人心皆興起矣。當時集者朝官自二品以下，以至言路詞館部曹，及公車數百人，樓上下座皆滿。康有爲演說時，聲氣激昂，座中人有爲之下淚者，雖旋經解散，而各省志士紛紛繼起，自是風氣益大開，士心亦加振勵，不可抑遏矣。

第三章　政變原因答客難

語曰忠臣去國，不潔其名。大丈夫以身許國，不能行其志，乃至一敗塗地，漂流他鄉，則惟當緘口結舌，一任世人之戮辱之，嬉笑之，唾罵之，斯亦已矣。而猶復嘵嘵焉欲以自白，是豈大丈夫所爲哉？雖然，事有關於君父之生命，關於全國之國論者，是固不可以默默也。

論者曰：中國之當改革不待言矣，然此次之改革，得無操之過蹙，失於急激以自貽蹉跌之憂乎？辨曰：中國之言改革，三十年於茲矣。然而不見改革之效，而徒增其弊何也？凡改革之事，必除舊與布新兩者之用力相等，然後可有效也。苟不務除舊而言布新，其勢必將舊政之積弊，悉移而納於新政之中，而新政反增其害矣。如病者然，其積痞方橫塞於胸腹之間，必一面進以瀉利之劑，以去其積塊，一面進以溫補之劑，以培其元氣，庶能奏功也。若不攻其病，而日餌之以參苓，則參苓即可爲增病之媒，而其人之死當益速矣。我中國自同治後所謂變法者，若練兵也，開礦也，通商也，交涉之有總署使館也，教育之有同文、方言館及各中國學堂也，皆疇昔之人所謂改革者也。夫以練兵論之，將帥不由學校而出，能知兵乎？選兵無度，任意招募，半屬流丐，體之羸壯所不知，識字與否所不計，能用命乎？將俸極薄，兵餉極微，武階極賤，士人以從軍爲恥，而無賴者乃承其乏，能潔己效死乎？圖學不興，厄塞不知，能制勝乎？船械不能自制，仰自他人，能如志乎？海軍不游弋他國，將帥不習風濤，一旦臨敵，能有功乎？警察不設，戶籍無稽，所練之兵，日有逃亡，能爲用乎？如是則練兵如不練，且也用洋將統帶訓練者，則授權於洋人，國家歲費巨帑，爲他人養兵以自噬。其用土將者，則如董福祥之類，藉眾鬧事，損辱國體，動招邊釁，否則騷擾閭閻而已，不能防國，但能累民。又購船置械於外國，則官商之經手者，藉以中飽自肥，費重金而得窳物，如是則練兵反不如不練。以開礦論之，礦務學堂不興，礦師乏絕，重金延聘西人，尚不可信，能盡地利乎？械器不備，化分不精，能無棄材乎？道路不通，從礦地運至海口，其運費視原價或至數倍，能有利乎？如是則開礦如不開，且也西人承攬，各國要挾。地利盡失，畀之他人。否則奸商胡鬧，貪官串弊，各省礦局，只爲候補人員領乾修之用。（中國舊例，官紳之不辦事而藉空名以領俸者，謂之乾修，凡各省之某某局總辦，某某局提調者，無不皆是也。）徒糜國帑，如是則開礦反不如不開。以通商論之，計學（即日本所稱經濟財政諸學）不講，罕明商政之理，能保富乎？工藝不興，製造不講，土貨銷場，寥寥無幾，能爭利乎？道路梗塞，運費笨重，能廣銷乎？釐卡滿地，抑勒逗留，朘膏削脂，有如虎狼，能勸商乎？領事不察外國商務，國家不護僑寓商民，能自立乎？如是則通商如不通。且也外品日輸入，內幣日輸出，池枯魚竭，民無噍類。如是則通商反不如不通。以交涉論之，總理衙門老翁十數人，日坐堂皇，並外國之名且不知，無論國際，並己國條約且未寓目，無論公法，各國公使領事等官，皆由奔競而得，一無學識。公使除呈遞國書之外無他事，領事隨員等除遊觀飲食之外無他業，又何取於此輩之坐食乎？如是則有外交官如無外交官。且使館等人在外國者，或狎邪無賴，或鄙吝無恥，自執賤業，污穢難堪，貽笑外人，損辱國體，其領事等非惟不能保護己商，且從而凌壓之，如是則有外交官反不如無外交官。以教育論之，但教方言以供翻譯，不授政治之科，不修學藝之術，能養人材乎？科舉不變，榮途不出，士夫之家，聰穎子弟皆以入學為恥，能得高才乎？如是則有學堂如無學堂。且也學堂之中，不事德育，不講愛國，故堂中生徒，但染歐西下等人之惡風，不復知有本國，賢者則為洋傭以求衣食，不肖者且為漢奸以傾國基。如是則有學堂反不如無學堂。凡此之類，隨舉數端，其有弊無效固已如是，自餘各端，亦莫不如是。則前此之所謂改革者，所謂溫和主義者，其成效固已可睹矣。夫此諸事者，則三十年來名臣曾國藩、文祥、沈葆楨、李鴻章、張之洞之徒，所竭力而始成之者也，然其效乃若此，然則不變其本，不易其俗，不定其規模，不籌其全局，而依然若前此之支支節節以變之，則雖使各省得許多督撫皆若李鴻章、張之洞之才之識，又假以十年無事，聽之使若李鴻章、張之洞之所爲，則於中國之弱之亡能稍有救乎？吾知其必不能也。何也？蓋國家之所賴以成立者，其質甚繁，故政治之體段亦甚複雜，枝節之中有根幹焉，根幹之中又有總根幹焉，互爲原因，互爲結果。故言變法者將欲變甲，必先變乙，及其變乙，又當先變丙。如是相引，以至無窮。而要之非全體並舉，合力齊作，則必不能有功，而徒增其弊。譬之有千歲老屋，瓦墁毀壞，榱棟崩折，將就傾圮，而室中之人，乃或酣嬉鼾臥，漠然無所聞見，或則補苴罅漏，彌縫蟻穴，以冀支持。斯二者用心雖不同，要之風雨一至，則屋必傾而人必同歸死亡一也。夫酣嬉鼾臥者，則滿洲黨人是也；補苴彌縫者，則李鴻章、張之洞之流是也。諺所謂室漏而補之，愈補則愈漏，衣敝而結之，愈結則愈破。其勢固非別構新廈，別出新制，烏乎可哉？若如世之所謂溫和改革者，宜莫如李、張矣，不見李鴻章訓練之海軍洋操，所設之水師學堂醫學堂乎？不見張之洞所設之實學館、自強學堂、鐵政局、自強軍乎？李以三十年之所變者若此，張以十五年所變者若此。然則再假以五十年使如李、張者，出其溫和之手段，以從容布置，到光緒四十年，亦不過多得此等學堂洋操數個而已。一旦有事，則亦不過如甲午之役，望風而潰。於國之亡能稍有救乎？既不能救亡，則與不改革何以異乎？夫以李、張之才如彼，李、張之望如彼，李、張之見信任負大權如彼，李、張之遇無事之時，從容十餘年之布置如彼，其所謂改革者乃僅如此，況於中朝守舊庸耄盈廷，以資格任大官，以賄賂得美差，大臣之中安所多得如李、張之才者，而外患之迫，月異而歲不同，又安所更得十餘年之從容歲月者，然則捨束手待亡之外，無他計也。不知所謂溫和主義者，何以待之，抑世之所謂急激者，豈不以疑懼交乘，怨謗雲起，爲改革黨人所自致乎？語曰：非常之原，黎民懼焉。又曰：凡民可以樂成，難以慮始，從古已然。況今日中國之官之士之民，智識未開，瞢然不知有天下之事，其見改革而驚訝，固所當然也。彼李鴻章前者所辦之事，乃西人皮毛之皮毛而已，猶且以此負天下之重謗，況官位遠在李鴻章之下，而所欲改革之事，其重大又過於李鴻章所辦者數倍乎？夫不除弊而不能布新，前既言之矣。而除舊弊之一事，最易犯眾忌而觸眾怒，故全軀保位惜名之人，每不肯爲之，今且勿論他事，即如八股取士錮塞人才之弊，李鴻章、張之洞何嘗不知之，何嘗不痛心疾首而惡之。張之洞且嘗與余言，言廢八股爲變法第一事矣。而不聞其上摺請廢之者，蓋恐觸數百翰林、數千進士、數萬舉人、數十萬秀才、數百萬童生之怒，懼其合力以謗己而排擠己也。今夫所謂愛國之士，苟其事有利於國者，則雖敗己之身，裂己之名，猶當爲之。今耽自謂愛國矣，又復愛身焉，又復愛名焉，及至三者不可得兼，則捨國而愛身名，至二者不可得兼，又將捨名而愛身，吾見世之所謂溫和者，如斯而已，如斯而已。吉田松陰曰：「觀望持重，號稱正義者，比比皆然，最爲最大下策，何如輕快捷速，打破局面，然後除占地布石之爲愈乎？」嗚呼！世之所謂溫和者，其不見絕於松陰先生者希耳。即以日本論之，幕末藩士，何一非急激之徒，松陰南洲，尤急激之巨魁也，試問非有此急激者，而日本能維新乎？當積弊疲玩之既久，不有雷霆萬鈞霹靂手段，何能喚起而振救之。日本且然，況今日我中國之積弊更深於日本幕末之際，而外患內憂之亟，視日本尤劇百倍乎。今之所謂溫和主義者，猶欲以維新之業，望之於井伊安藤諸閣老也，故康先生之上皇帝書曰：「守舊不可，必當變法，緩變不可，必當速變，小變不可，必當全變。」又曰：「變事而不變法，變法而不變人，則與不變同耳。」故先生所條陳章奏，統籌全局者，凡六七上，其大端在請誓太廟以戒群臣，開制度局以定規模，設十二局以治新政，立民政局以地方自治，其他如遷都興學，更稅法，裁釐金，改律例，重俸祿，遣遊歷，派遊學，設警察，練鄉兵，選將帥，設參謀部，大營海軍，經營西藏、新疆等事，皆主齊力並舉，不能支支節節而爲之。而我皇上亦深知此意，徒以無權不能遽行，故屢將先生之摺交軍機總署會議，嚴責其無得空言搪塞。蓋以見制西后，故欲借群臣之議以定之也。無如下有老耄守舊之大臣，屢經嚴責而不恤，上有攬權猜忌之西后，一切請命而不行，故皇上與康先生之所欲改革者，百分未得其一焉，使不然者，則此三月之中，舊弊當已盡革，新政當已盡行，制度局之規模當已大備，十二局之條理當已畢詳，律例當已改，巨餉當已籌，警察當已設，民兵當已練，南部當已遷都，參謀部當已立。端緒略舉，而天下肅然向風矣，今以無權之故，一切所爲，非其本意，皇上與康先生方且日日自疚其溫和之已甚，而世人乃以急激責之，何其相反乎？嗟乎，局中人曲折困難之苦衷，非局外人所能知也久矣。以譚嗣同之忠勇明達，當其初被徵入都，語以皇上無權之事，猶不深信，及七月二十七日皇上欲開懋勤殿，設顧問官，命譚查歷期聖訓之成案，將據以請於西后，至是譚乃恍然於皇上之苦衷，而知數月以來改革之事，未足以滿皇上之願也。譚嗣同且如此，況於其他哉。夫以皇上與康先生處至難之境，而苦衷不爲天下所共諒，庸何傷焉，而特恐此後我國民不審大局，徒論成敗，而曰是急激之咎也，是急激之鑑也，因相率以爲戒，相率一事不辦，束手待亡，而自以爲溫和焉。其上者則率於補漏室，結鶉衣，枝枝節節，畏首畏尾，而自以爲溫和焉，而我國終無振起之時，而我國四萬萬同胞之爲奴隸，終莫可救矣。是乃所大憂也，故不可以不辯者一也。

第四篇　政變正紀

第一章　推翻新政

八月十一日，復置皇上所裁汰之詹事府等衙門及各省冗員。

按 詹事府等衙門，及各省冗員，皆無事可辦。任其職者，皆養尊處優，素餐尸位、朘民之脂膏，以養此無謂之閒人，正如久患癰疽，全體皆含膿血，皇上必汰除之者。以非如此則不能辦事也，而一切復置，實為養癰之弊政。

同日禁止士民上書。

按 中國之大患，在內外蔽塞，上下隔絕，皇上許士民上書，乃明目達聰之盛舉也。而今禁之，務以抑塞為主義也。

同日廢官報局。

同日停止各省府州縣設立中學校、小學校。

按 中國之大患，在教育不興，人才不足，皇上政策首注意於學校教育之事，可謂得其本矣。中國地廣人眾，非各省府州縣遍設學校，不能廣造人才。今一切停止，蓋不啻秦始皇愚民之政策也。

八月二十四日復八股取士之制。

按 八股取士，為中國錮蔽文明之一大根源。行之千年，使學者墜聰塞明，不識古今，不知五洲，其弊皆由於此。

顧炎武謂其禍更甚於焚書坑儒，洵不誣也。今以數千年之弊俗，皇上之神力，僅能去之，未及數月，而遂復舊觀，是使四百兆人民永陷於黑暗地獄而不復能拔也。

同日罷經濟特科。

按　經濟特科之設，在今年正月初六日，實戊戌新政之原點也。分內政、外交、兵學、工學、理財、格致六門，以實學試士，振起教育之精神，實始於此，頑固大臣等惡實學如仇，故罷之也。

同日廢農工商總局。

同日命各督撫查禁全國報館，嚴拿報館主筆。

八月二十六日，禁立會社，拿辦會員。

按　中國近兩年來風氣驟開，頗賴學會之力，自光緒二十一年強學會開設後，繼之者則有湖北之質學會，廣西之聖學會，湖南之南學會、地圖公會、明達學會，廣東之粵學會、群學會，蘇州之蘇學會，上海之不纏足會、農學會、醫學會、譯書會、蒙學會，北京之知恥會、經濟學會，陝西之味經學會，其餘小會尚不計其數。蓋合眾人之力以研究實學，實中國開明之一大機鍵也。今一律訪拿會員，於是各省有志之士，幾於無一能免者矣。

月　日廢漕運改折之議。

按　漕運一事，徒在運南糧以供北方之食，輪船既通，一商賈之力辦之而有餘，而國家設官數百人，歲糜千餘萬，積弊之極，未有過是者，苟裁此全部之官而聽商運，則每年歲人可增千餘萬。官民兩利，此全國稍通時務之人所共知也。特官吏因緣此弊，以營利之人太多，故競阻撓之耳；皇上方欲毅然廢之，尚未辦到，而西后遽命復之。

月　日復前者裁撤之廣東、湖北、雲南三巡撫。

按　督撫同城，互相牽制，不能辦事，徒糜俸藏，前人多有論之者。皇上裁撤，亦是整頓官制之一端，今亦復設之，蓋務盡反皇上之所為也。

九月　日復武試弓刀石之制。

按　八股取士，其可笑已極矣，至於武試用弓刀石，尤為可笑。實以武事為兒戲耳，皇上於今年春間罷之。而今復用之，閉塞至是，何其可憐也。

第二章　窮捕志士

漢十常侍之罪陳蕃、李膺也，宋蔡京之罪司馬、韓、蘇也，韓侂胄之罪朱子也，明魏忠賢之罪東林諸賢也，阮大鋮之罪復社諸賢也，無不以黨人之名，株連慘戮，大率其所謂黨人者，賢人志士居其十之七八，而株連諸人，未必盡賢者，亦居一二焉。雖然經窮治之後，則元氣斲喪，國未有不亡者也。日本幕府之末葉，亦其前車矣。今西后訓政以來，窮治維新之人，大率以結黨營私四字爲其罪案，舉國騷擾，緹騎殆遍。今舉其明見諭旨者，列其姓名於下：

李端棻　貴州省人，舊任倉場總督，於光緒二十一年，奏請設立京師大學堂，及各省學堂，專注意教育，今年又請改定律例，派人遊歷日本調查政務，七月皇上特擢禮部尙書。今革職遣戍新疆。

徐致靖　直隸省人，翰林院侍讀學士，奏請定國是，廢八股，條陳新政。七月皇上特擢署禮部右侍郎。今革職下獄永禁。

徐仁鑄　致靖之子，翰林院編修，湖南學政，以實學課士，力行新政，全省移風。今革職永不敘用，上書請代父下獄。

徐仁鏡　致靖之子，翰林院編修，力講求新政。今革職，上書代父下獄。

陳寶箴　江西省人，湖南巡撫。力行新政，開湖南全省學堂，設警察署，開南學會，開礦，行內河輪船，興全省工藝，勇猛精銳，在湖南一年有餘，全省移風，皇上屢詔嘉獎，特爲倚用，欲召入政府。今革職永不敘用。

陳三立　寶箴之子，吏部主事，佐其父行新政，散家養才人志士。今僞詔謂其招引奸邪，革職永不敘用，圈禁於家。

張蔭桓　廣東省人，戶部左侍郎，總理各國事務大臣。久遊西國，皇上屢問以西法新政，六月特授鐵路、礦務大臣。今革職，查抄家產，遣戍新疆。

張百熙　湖南省人，內閣學士，兼禮部侍郎銜，廣東學政，以實學課士。今革職留任。

王錫蕃　江蘇省人，詹事府少詹事，條陳商務新政。七月皇上超擢署禮部左侍郎。今革職永不敘用。

黃遵憲　廣東省人。在上海創設《時務報》，舊任湖南按察使，與陳寶箴力行新政，督理學堂，開辦警察署，凡湖南一切新政，皆賴其力，皇上新擢三品卿，出使日本大臣。今免官逮捕。

文廷式　江西省人，前翰林院侍讀學士，舊爲皇上所信用，西后惡之特甚，於光緒二十二年二月革職，永不敘用。今拿辦，逮捕家屬。

王照　直隸省人，原任禮部主事，屢上新政條陳，曾請皇上出遊日本，七月上超擢賞三品銜；以四品京堂候補。今革職拿辦，逮捕家屬，查抄家產。

江標　江蘇省人，舊任翰林院編修，湖南學政，力行實學，開闢湖南全省風氣，七月皇上擢超以四品京卿候補，在總理衙門章京上行走。今革職永不敘用，圈禁於家。

端方　滿洲人，原任霸昌道。六月皇上新授三品卿銜，督辦農工商局新政。今銷銜撤差，後以他故，復升任陝西按察使。

徐建寅　江蘇省人，原任直隸候補道，福建船政局總辦，久遊西國，通工藝之學，六月皇上授三品卿銜，督辦農工商局新政。今銷銜撤差。

吳懋鼎　直隸候補道，六月皇上新授三品卿銜，督辦農工商局新政。今銷銜撤差。

宋伯魯　陝西省人，山東道御史，屢上奏定國是，廢八股，劾奸黨，言諸新政最多。今革職永不敘用，並拿問。

李岳瑞　陝西省人，工部員外郎，總理衙門章京，兼辦鐵路礦務事，上書請變服制，用客卿。今革職永不敘用。

張元濟　浙江省人，刑部主事，總理衙門章京，兼辦鐵路礦務事，大學堂總辦，上書請變官制，去拜跪。今革職永不敘用。

熊希齡　湖南省人，翰林院庶吉士，助陳寶箴、黃遵憲力行新政，湖南之轉移風氣，皆賴其力。今革職永不敘用，圈禁於家。

康有爲　廣東省人，工部主事，皇上擢總理各國事務衙門章京，督辦官報局。今革職拿辦，逮捕族屬，查抄家產。

梁啓超　廣東省人，舉人，皇上授六品銜；辦理譯書局。今革職拿辦，逮捕族屬，查抄家產。

右二十二人被拿辦下獄，革職圈禁，停差逮捕家屬者。

康廣仁　廣東省人，候補主事，康有爲之胞弟，因新政株連。

楊深秀　山西省人，山東道御史，上書言定國是，廢科舉，譯日本書，派親王遊歷外國，遣學生留學日本等事，所條陳新政最多。

楊銳　四川省人，內閣侍讀，七月皇上特擢四品卿銜，軍機章京，參預新政。

林旭　福建省人，內閣中書，七月皇上特擢四品卿銜，軍機章京，參預新政。

劉光第　四川省人，刑部主事，七月皇上特擢四品卿銜，軍機章京，參預新政。

新政。

譚嗣同 湖南省人，江蘇候補知府，七月皇上特擢四品卿銜，軍機章京，參預新政。

以上楊林劉譚四人爲軍機四卿，皇上以新政託之，與康有爲同奉密詔者。

右六人被戮。

宋秦檜之殺岳飛也，以「莫須有」三字斷獄。後世讀史者，猶以爲千古之奇冤。夫曰莫須有，則猶有鞫獄之辭矣。明嚴嵩之殺楊繼盛也，魏忠賢之殺楊漣、左光斗也，必在獄中桁楊搒掠，毒刑慘刻，逼使供招，羅織成罪案，然後殺之，蓄其心猶知天下之有清議，欲藉此以掩人耳目也。今六烈士之就義也，於八月十二日有僞詔命刑部於十三日訊鞫，及十三日刑部諸官方到堂，坐待提訊，而已又有僞詔命毋庸訊鞫，即縛赴市曹處斬矣。夫不訊鞫而殺人，雖最野蠻之國，亦無此政體也，雖眾人所唾罵之秦檜、嚴嵩、魏忠賢，猶不至如是之無忌憚也。蓋彼恐一訊鞫，則虛構之獄，無由成讞，而改革之根株不能絕也。觀其誣康有爲之罪名也，初則曰酖殺皇上，繼則曰結黨營私，終則曰謀圍頤和園，十日之間，罪名三變，信口捏造，任意指誣，究之諸人所犯何罪，則犯罪者未知之，治罪者亦未知之，旁觀更無論也。九月二十二日，天津《國聞報》照錄上海《新聞報》康有爲論，而加以跋語，其言最爲直捷切當，言人所不敢言，今照錄於下，其言曰：

三代以前列國並處，君權不甚尊，民義不甚絕，故其時毀譽是非，猶存直道。秦漢以降，中國一家，功道罪魁，悉憑朝論，士苟得罪於廷議，則四境之內，一姓之朝，皆將無所逃命，文致羅織，何患無辭，故天下至不平而可傷心之事，莫甚於憑一家之私說，而無兩造之訟直。即如康有為一獄，自八月初六日以後，中國之懿旨上諭，始則曰辯言亂政，繼則曰大逆不道。凡在中國臣民，其獨居深嘆，抉隱表微之士，視康有為為何如人，僕固未暇深論，若相遇於稠人廣眾之間，抗論於廣廈細旃之上，其有慷慨陳詞，為康訟直者乎？夫為中國之臣民，則亦安得不爾也。上海《新聞報》於此次國事之變，記載最詳，見聞亦最廣，而犯難敢言，尤為各報之冠，一載康之問答，再登康之來書，與中國皇帝之密諭，其孰是孰非，孰真孰偽，固未敢據是以為斷，而援兩造之辭，以成千載之信獄，則東西各邦，來茲覘國者，皆將於此取資，而求其定論，則立說尤不可以不慎。然僕獨不解其論康有為，乃有奏飭袁世凱調新建陸軍三千人入京之說，是說也，欲成其讞，須有四證，一康之奏文，二袁之告辭，三皇帝之諭旨，四同謀楊、劉、林、譚之供狀，度新聞報館，當必有真憑的據，可以證成其詞者，不然則與八月十三日上諭「謀圍頤和園」五字，前不見來蹤，後不見去影，冥冥九闇，茫茫中古，長留此不明不白一種疑案而已。經稱罪人不孥，蓋罰罪而及於家族，此最野蠻之政體，凡稍開化之國，必不如是也。中國自前明以來，間有此風，及本朝以寬仁為政，康熙朝特廢此例，蓋亦漸進文明之一端也。今茲之政變也，康有為、梁啓超、王照、文廷式等，皆逮捕家屬，幾於族滅，乃至毀掘墳墓，擄掠婦女，行同盜賊，所過為墟。他人之族吾未深論，即以吾之鄉族言之。有族中二孕婦，余至今猶未識其人者，而被掠去，墜胎而死，夫無論余之罪之未有定讞也，即使余犯寸磔之罪，與此婦人何與？乃亦横遭此慘，似此豺狼之政體，稍有人心者聞之，能無髮指乎？

第五篇　殉難六烈士傳

康廣仁傳

康君名有溥，字廣仁，以字行，號幼博，又號大廣，南海先生同母弟也。精悍厲鷙，明照銳斷，見事理若區別黑白，勇於任事，洞於察機，善於觀人，達於生死之故，長於治事之條理，嚴於律己，勇於改過。自少即絕意不事舉業，以爲本國之弱亡，皆由八股錮塞人才所致，故深惡痛絕之，偶一應試，輒棄去。弱冠後，嘗爲小吏於浙。蓋君少年血氣太剛，倜儻自喜，行事間或跅弛，逾越範圍，南海先生欲裁抑之，故遣入宦場，使之遊於人間最穢之域，閱歷乎猥鄙奔競險詐苟且闒冗勢利之境，使之察知世俗之情僞，然後可以收斂其客氣，變化其氣質，增長其識量。君爲吏歲餘，嘗委保甲差、文闈差，閱歷宦場既深，大恥之，掛冠而歸。自是進德勇猛，氣質大變，視前此若兩人矣。君天才本卓絕，又得賢兄之教，覃精名理，故其發論往往精奇悍銳，出人意表，聞著爲之咋舌變色，然按之理勢，實無不切當。自棄官以後，經歷更深，學識更加，每與論一事，窮其條理，料其將來，不爽累黍，故南海先生常資爲謀議焉。今年春，膠州、旅順既失，南海先生上書痛哭論國是，請改革。君曰：「今日在我國而言改革，凡百政事皆第二著也，若第一著，則惟當變科舉，廢八股取士之制，使舉國之士，咸棄其頑固謬陋之學，以講求實用之學，則天下之人如瞽者忽開目，恍然於萬國強弱之故，愛國之心自生，人才自出矣。阿兄歷年所陳改革之事，皆千條萬緒，彼政府之人早已望而生畏，故不能行也。今當以全副精神專注於廢八股之一事，鍥而不捨，或可有成。此關一破，則一切新政之根芽已立矣。」蓋當時猶未深知皇上之聖明，故於改革之事，不敢多所奢望也。及南海先生既召見，鄉會八股之試既廢，海內志士額手爲國家慶。君乃曰：「士之數莫多於童生與秀才，幾居全數百分之九十九焉。今但變鄉會試而不變歲科試，未足以振刷此輩之心目。且鄉會試期在三年以後，爲期太緩。此三年中，人事靡常。今必先變童試、歲科試，立刻施行，然後可。」乃與御史宋伯魯謀，抗疏言之，得旨俞允。於是君語南海先生曰：「阿兄可以出京矣。我國改革之期，今尚未至。且千年來行愚民之政，壓抑既久，人才乏絕，今全國之材，尚不足任全國之事，改革甚難有效。今科舉既變，學堂既開，阿兄宜歸廣東、上海，卓如宜歸湖南（卓如者，余之字也。時余在湖南時務學堂爲總教習，故云然），專心教育之事，著書譯書撰報，激勵士民愛國之心，養成多數實用之才，三年之後，然後可大行改革也。」時南海先生初被知遇，天眷優渥，感激君恩，不忍捨去。既而天津閱兵廢立之事，漸有所聞，君復語曰：「自古無主權不一之國而能成大事者。今皇上雖天亶睿聖，然無賞罰之權，全國大柄，皆在西后之手，而滿人之猜忌如此，守舊大臣之相嫉如此，何能有成？阿兄速當出京養晦矣。」先生曰：「孔子之聖，知其不可而爲之；凡人見孺子將入於井，猶思援之，況全國之命乎？況君父之難乎？西后之專橫，舊黨之頑固，皇上非不知之，然皇上猶且捨位忘身，以救天下，我忝受知遇，義固不可引身而退也。」君復曰：「阿兄雖捨身思救之，然於事必不能有益，徒一死耳。死固不足惜，但阿兄生平所志所學，欲發明公理以救全世界之眾生者，他日之事業正多，責任正重，今尚非死所也。」先生曰：「生死自有天命，吾十五年前經華德里築屋之下，飛磚猝墜，掠面而下，面損流血。使彼時飛磚斜落半寸，擊於腦，則死久矣。天下之境遇，皆華德里飛磚之類也。今日之事雖險，吾亦以飛磚視之，但行吾心之所安而已，他事非所計也。」自是君不復敢言出京。然南海先生每欲有所陳奏，有所興革，君必勸阻之，謂當俟諸九月閱兵以後，若皇上得免於難，然後大舉，未爲晚也。故事凡皇上有所敕任，有所賜賚，必詣宮門謝恩，賜召見焉。南海先生先後奉命爲總理各國事務衙門章京，督辦官報局，又以著書之故，賜金二千兩，皆當謝恩，君獨謂：「西后及滿洲黨相忌已甚，阿兄若屢見皇上，徒增其疑而速其變，不如勿往。」故先生自六月以後，上書極少，又不覲見。但上摺謝恩，惟於所進呈之書，言改革之條理而已，皆從君之意也，其料事之明如此。

南海先生既決意不出都，俟九月閱兵之役，謀有所救護，而君與譚君任此事最力。初餘既奉命督辦譯書，以君久在大同譯書局，諳練此事，欲託君出上海總其成。行有日矣，而八月初二日忽奉明詔，命南海先生出京；初三日又奉密詔敦促，一日不可留。先生戀闕甚耿耿，君乃曰：「阿兄即行，弟與復生、卓如及諸君力謀之。」蓋是時雖知事急，然以為其發難終在九月，故欲竭蹶死力有所布置也，以故先生行而君獨留。遂及於難，其臨大節之不苟又如此。君明於大道，達於生死，常語余云：「吾生三十年，見兄弟戚友之年與我相若者，今死去不計其數矣。吾每將己身與彼輩相較，常作已死觀，今之猶在人間，作死而復生觀。故應做之事，即放膽做去，無所罣礙，無所恐怖也。」蓋君之從容就義者，其根柢深厚矣。既被逮之日，與同居二人程式穀、錢維驥同在獄中，言笑自若，高歌聲出金石。程、錢等固不知密詔及救護之事，然聞令出西后，乃曰：「我等必死矣。」君厲聲曰：「死亦何傷！汝年已二十餘矣，我年已三十餘矣，不猶愈於生數月而死數歲而死者乎？且一刀而死，不猶愈於抱病歲月而死者乎？特恐我等未必死耳，死則中國之強在此矣，死又何傷哉？」程曰：「君所言甚是。第外國變法，皆前者死，後者繼。今我國新黨甚寡弱，恐我輩一死，後無繼者也。」君曰：「八股已廢，人才將輩出矣，何患無繼哉？」神氣雍容，臨節終不少變，嗚呼烈矣！南海先生之學，以仁爲宗旨，君則以義爲宗旨。故其治事也，專明權限，能斷割，不妄求人，不妄接人，嚴於辭受取與，有高掌遠蹠摧陷廓清之概，於同時士大夫之豪俊皆俛視之。當十六歲時，因惡帖括，故不悅學，父兄責之，即自抗顏爲童子師。疑其遊戲必不成，姑試之。而從之學者有八九人，端坐課弟子，莊肅儼然，手創學規，嚴整有度，雖極頑橫之童子，戢戢奉法惟謹。自是知其爲治事才，一切家事營辦督租皆委焉。其治事如商君法，如孫武令，嚴密縝栗，令出必行，奴僕無不畏之，故事無不舉。少年曾與先生同居一樓，樓前有芭蕉一株，經秋後敗葉狼藉。先生故有茂對萬物之心，窗草不除之意，甚愛護之。忽一日，失蕉所在，則君所鋤棄也。先生責其不仁，君曰：「留此何用，徒亂人意。」又一日，先生命君檢查屋上舊書整理之，以累世爲儒，閣上藏前代帖括甚多，君舉而付之一炬。先生詰之，君則曰：「是區區者尚不割捨邪？留此物，此樓何時得清淨。」此皆君十二三歲時軼事也。雖細端，亦可以驗見其剛斷之氣矣。君事母最孝，非在側則母不歡，母有所煩惱，得君數言，輒怡笑以解。蓋其在母側，純爲孺子之容，與接朋輩任事時，若兩人云。最深於自知，勇於改過。其事爲己所不能任者，必自白之，不輕許可；及其既任，則以力殉之；有過失，必自知之、自言之而痛改之，蓋光明磊落，肝膽照人焉。若嘗慨中國醫學之不講，草菅人命，學醫於美人嘉約翰，三年，遂通泰西醫術。欲以移中國，在滬創醫學堂，草具章程，雖以事未成，而後必行之。蓋君之勇斷，足以廓清國家之積弊，其明察精細，足以經營國家治平之條理，而未能一得藉手，遂殉國以歿。其所辦之事，則在澳門創立《知新報》，發明民政之公理；在上海設譯書局，譯日本書，以開民智；在西樵鄉設一學校，以泰西政學教授鄉之子弟；先生惡婦女纏足，壬午年創不纏足會而未成，君卒成之，粵風大移，粵會成則與超推之於滬，集士夫開不纏足大會，君實爲總持；又與同志創女學堂，以救婦女之患，行太平之義：於君才未盡十一，亦可以覯其志矣。君雖不喜章句記誦詞章之學，明算工書，能作篆，嘗爲詩駢散文，然以爲無用，既不求工，亦不存稿，蓋皆以余事爲之，故遺文存者無幾，然其言往往發前人所未發，言人所不敢言。蓋南海先生於一切名理，每僅發其端，含蓄而不盡言，君則推波助瀾，窮其究竟，達其極點，故精思偉論獨多焉。君既歿，朋輩將記憶其言語裒而集之，以傳於後。君既棄浙官，今年改官候選主事。妻黃謹娛，爲中國女學會倡辦董事。

論曰：徐子靖、王小航常語余云，二康皆絕倫之資，各有所長，不能軒輊。其言雖稍過，然幼博之才，眞今日救時之良矣。世人莫不知南海先生，而罕知幼博，蓋爲兄所掩，無足怪也。而先生之好仁，與幼博之持義，適足以相補，故先生之行事，出於幼博所左右者爲多焉。六烈士之中，任事之勇猛，性行之篤摯，惟復生與幼博爲最。復生學問之深博，過於幼博；幼博治事之條理，過於復生：兩人之才，眞未易軒輊也。嗚呼！今日眼中之人，求如兩君者，可復得乎？可復得乎？幼博之入京也，在今春二月。時余適自湘大病出滬，扶病入京師應春官試。幼博善醫學，於余之病也，爲之調護飲食，劑醫藥，至是則伴余同北行。蓋幼博之入京，本無他事，不過爲余病耳。余病不死，而幼博死於余之病，余疚何如哉？

楊深秀傳

楊君字漪邨，又號耆耆子，山西聞喜縣人也。少穎敏，十二歲錄爲縣學附生，博學強記，自十三經、史、漢、通鑑、管、荀、莊、墨、老、列、韓、呂諸子，乃至《說文》、《玉篇》、《水經注》，旁及佛典，皆能舉其辭，又能鉤玄提要，獨有心得，考據宏博，而能講宋明義理之學，以氣節自勵，岧嶢獨出，爲山西儒宗。其爲舉人負士林重望。光緒八年，張公之洞巡撫山西，創令德堂，教全省士以經史、考據、詞章、義理之學，特聘君爲院長，以矜式多士。光緒十五年成進士，授刑部主事，累遷郎中。光緒二十三年十二月授山東道監察御史，二十四年正月俄人脅割旅順、大連灣，君始入台，第一疏即極言地球大勢，請聯英、日以拒俄，詞甚切直。時都中人士，皆知君深於舊學，而不知其達時務，至是共驚服之。君與康君廣仁交最厚，康君專持廢八股爲救中國第一事，日夜謀此舉。四月初間，君乃先抗疏請更文體，凡試事仍以四書五經命題，而篇中當縱論時事，不得仍破承、八股之式，蓋八股之弊積之千年，恐未能一旦遽掃，故以漸而進也。疏上，奉旨交部臣議行，時皇上銳意維新，而守舊大臣盈廷，競思阻撓。君謂國是不定，則人心不知所向，如泛舟中流而不知所濟，乃與徐公致靖先後上疏，請定國是。至四月二十三日，國是之詔遂下，天下志士喁喁向風矣。初請更文體之疏，既交部議，而禮部尚書許應騤庸謬昏橫，輒欲駁斥，又於經濟科一事，多爲阻撓。時八股尚未廢，許自恃爲禮部長官，專務遏抑斯舉，君於是與御史宋伯魯合疏劾之，有詔命許應騤自陳，於是舊黨始惡君，力與爲難矣。御史文悌者，滿洲人也。以滿人久居內城，知宮中事最悉，頗憤西后之專橫，經膠旅後，慮國危。聞君門下有某人者，撫北方豪士千數百人，適同侍祠，竟夕語君宮中隱事，皆西后淫樂之事也。既而曰：「君知長麟去官之故乎？長麟以上名雖親政，實則受制於后，請上獨攬大權。」曰：「西后於穆宗則爲生母，於皇上則爲先帝之遺妾耳，天子無以妾母爲母者，其言可謂獨得大義矣。」君然之，文又曰：「吾奉命查宗人府囚，見澍貝勒僅一褲蔽體，上身無衣，時方正月祁寒，擁爐戰慄，吾憐之，賞錢十千，西后之刻虐皇孫如此，蓋爲上示戒，故上見后輒顫，此與唐武氏何異？」因慷慨誦徐敬業討武氏檄燕啄王孫四語，目眥欲裂，君美其忠誠，乃告君曰：「吾少嘗慕遊俠能踰牆，撫有崑崙奴甚多，若有志士相助，可一舉成大業，聞君門下多識豪傑，能覓其人以救國乎？」君壯其言而慮其難，時文數訪康先生，一切奏章，皆請先生代草之，甚密。君告先生以文有此意，恐事難成，先生見文則詰之，文色變，慮君之洩漏而敗事也。日騰謗於朝以求自解，猶慮不免，乃露章劾君與彼有不可告人之言，以先生開保國會，爲守舊大眾所惡，因附會劾之，以媚於眾，政變後之僞諭，爲康先生謀圍頤和園，實自文悌起也。文悌疏既上，皇上非惟不罪宋楊，且責文之誣罔，令還原衙門行走。於是君益感激天知，誓死以報，連上書請設譯書局譯日本書，請派新王貝勒宗室遊歷各國，遣學生留學日本，皆蒙採納施行，又請上面試京朝官，日輪二十八人，擇通才召見試用，而罷其老庸愚不通時務者，於是朝士大怨。然三月以來，台諫之中，毗贊新政者，惟君之功爲最多。湖南巡撫陳寶箴力行新政，爲疆臣之冠，而湖南守舊黨與之爲難，文章彈劾之，其誣詞不可聽聞。君獨抗疏爲剖辨，於是奉旨獎勵陳而嚴責舊黨，湖南浮議稍息，陳乃得復行其志。至八月初六日垂簾之僞命既下，黨案已發，京師人人驚悚，志士或捕或匿奸燄昌披，莫敢攖其鋒，君獨抗疏詰問皇上被廢之故，援引大義，切陳國難，請西后撤簾歸政，遂就縛。獄中有詩十數章，愴懷聖君，睠念外患，忠氣之誠，溢於言表。論者以爲雖前明方正學楊椒山之烈不是過也。君持躬廉正，取與之間，雖一介不苟，官御史時家赤貧，衣食或不繼，時惟庸詩文以自給，不稍改其初，居京師二十年，惡衣菲食敝車羸馬，堅苦刻厲，高節絕倫，蓋有古君子之風焉。子韍田，字米裳，舉人，能世其學，通天、算、格致，厲節篤行，有父風。

論曰：漪邨先生可謂義形於色矣。彼逆后賊臣，包藏禍心，蓄志既久，先生豈不知之？垂簾之詔既下，禍變已成，非空言所能補救，先生豈不知之？而乃入虎穴，蹈虎尾，抗疏諤諤，爲請撤簾之迂論，斯豈非孔子所謂愚不可及者耶？？八月初六之變，天地反常，日月異色，內外大小臣僚以數萬計，下心低首，忍氣呑聲，無一敢怒之而敢言之者。而先生乃從容慷慨，以明大義於天下，寧不知其無益哉？以爲凡有血氣者固不可不爾也，嗚呼！荊卿雖醢，暴嬴之魄已寒；敬業雖夷，牝朝之數隨盡。仁人君子之立言行事，豈計成敗乎？豈計成敗乎？漪邨先生可謂義形於色矣。

楊銳傳

楊銳字叔嶠，又字鈍叔，四川綿竹縣人，性篤謹，不妄言邪視，好詞章。張公之洞督學四川，君時尚少，爲張所拔識，因受業爲弟子。張愛其謹密，甚相親信。光緒十五年，以舉人授內閣中書，張出任封疆，將二十年，而君供職京僚。張有子在京師，而京師事不託之子而託之君。張於京師消息一切藉君有所考察，皆託之於君。書電絡繹，蓋爲張第一親厚之弟子。而舉其經濟特科，而君之旅費亦張所供養也。君鯁直尚名節，最慕漢黨錮明東林之行誼，自乙未和議以後，乃益慷慨談時務，時南海先生在京師，過從極密，南海與志士倡設強學會，君起而和之，甚力。其年十月，御史楊崇伊承某大臣意旨，劾強學會，遂下詔封禁，會中志士憤激連署爭之，向例凡連署之書，其名次皆以衙門爲先後，君官內閣當首署，而會員中□君□□亦同官內閣，爭首署，君曰：「我於本衙門爲前輩，乃先焉。」當時會既被禁，京師嘩然，謂將興大獄，君乃奮然率諸人以抗爭之，亦可謂不畏強御矣。丁酉冬，膠變起，康先生至京師上書，君乃日與謀，極稱之於給事高君燮曾，高君之疏薦康先生，君之力也。今年二月，康先生倡保國會於京師，君與劉君光第皆爲會員。又自開蜀學會於四川會館，集貲巨萬，規模倉卒而成。以此益爲守舊者所嫉忌，張公之洞累欲薦之，以門人避嫌，乃告湖南巡撫陳公寶箴薦之，召見加四品卿銜，充軍機章京，與譚、劉、林同參預新政，拜命之日，皇上親以黃匣緘一朱諭授四人，命竭力贊襄新政，無得瞻顧，凡有奏摺，皆經四卿閱視。凡有上諭，皆經四卿屬草。於是軍機大臣嫉妒之，勢不兩立。七月下旬，宮中變態已作，上於二十九日召見君，賜以衣帶詔，乃言位將不保，命康先生與四人同設法救護者也。君久居京師，最審朝局，又習聞宮廷之事，知二十年來之國脈，皆斲喪於西后之手，憤懣不自禁，義氣形於詞色。故與御史朱一新、安維峻，學士文廷式交最契，朱者曾疏劾西后嬖宦李蓮英，因忤后落職者也。安者曾疏請西后勿攬政權，因忤后遣戍塞外者也。文者曾請皇上自收大權，因忤后革職驅逐者也。君習與諸君遊，宗旨最合。久有裁抑呂武之志，至是奉詔與諸同志謀衛上變，遂被逮授命。君博學，長於詩，嘗輯注《晉書》，極閎博，於京師諸名士中稱尊宿焉，然謙抑自持，與人言恂恂如不出口，絕無名士輕薄之風，君子重之。

論曰：叔嶠之接人發論，循循若處子，至其尚氣節，明大義，立身不苟，見危授命，有古君子之風焉。以視平日口談忠孝，動稱義憤，一遇君父朋友之難，則反眼下石者何哉？

林旭傳

林君字暾谷，福建侯官縣人，南海先生之弟子也。自童齔穎絕秀出，負意氣，天才特達，如竹箭標舉，干雲而上，冠歲鄉試冠全省，讀其文奧雅奇偉，莫不驚之。長老名宿皆與折節爲忘年交，故所友皆一時聞人，其於詩詞駢散文皆天授，文如漢魏人，詩如宋人，波瀾老成，瑰奧深穠，流行京師，名動一時。乙未割遼台，君方應試春官，乃發憤上書，請拒和議，蓋意志已倜儻矣。既而官內閣中書，蓋聞南海之學慕之，謁南海，聞所論政教宗旨，大心折，遂受業焉。先是膠警初報，事變綦急，南海先生以爲振厲士氣，乃保國之基礎，欲令各省志士各爲學會以相講求，則聲氣易通，講求易熟，於京師先倡粵學會、蜀學會、閩學會、浙學會、陝學會等，而楊君銳實爲蜀學會之領袖。君遍謁鄉先達鼓之，一日而成。以正月初十日開大會於福建會館，閩中名士夫皆集，而君實爲閩學會之領袖焉。及開保國會，君爲會中倡始董事，提倡最力，初榮祿嘗爲福州將軍，雅好閩人，而君又沈文肅公之孫婿，才名藉甚，故榮頗欲羅致之。五月榮既至天津，乃招君入幕府。君入都請命於南海，問可就否。南海曰：「就之何害？若能責以大義，怵以時變，從容開導其迷謬，暗中消遏其陰謀，亦大善事也。」於是君乃決就榮聘，已而舉應經濟特科，會少詹王錫蕃薦君於朝，七月召見，上命將奏對之語再謄出呈覽，蓋因君操閩語，上不盡解也。君退朝具摺奏上，摺中稱述師說甚詳，皇上既知爲康某之弟子，因信任之。遂與譚君等同授四品卿銜，入軍機參預新政。十日之中，所陳奏甚多，上諭多由君所擬。初二日，皇上賜康先生密諭，令速出京，亦交君傳出，蓋深信之也。既奉密諭，譚君等距踊椎號，時袁世凱方在京，謀出密詔示之，激其義憤，而君不謂然，作一小詩代簡，致之譚等曰：伏蒲泣血知何用，慷慨何曾報主恩。願爲公歌千里草，本初健者莫輕言。蓋指東漢何進之事也。及變起，同被捕，十三日斬於市。臨刑呼監斬吏問罪名，吏不顧而去，君神色不稍變云。著有《晚翠軒詩集》若干卷，長短句及雜文若干卷。妻沈靜儀，沈文肅公葆楨之孫女，得報痛哭不欲生，將親入都收遺骸，爲家人所勸禁，乃仰藥以殉。

論曰：暾谷少余一歲，余以弟畜之。暾谷故長於詩詞，喜吟詠，余規之曰：「詞章乃娛魂調性之具，偶一爲之可也，若以爲業，則玩物喪志，與聲色之累無異。方今世變日亟，以君之才，豈可溺於是。」君幡然戒詩，盡割捨舊習，從南海治義理經世之學，豈所謂從善如不及邪？榮祿之愛暾谷，羅致暾谷，致敬盡禮，一旦則悍然不問其罪否，駢而戮之，彼豺狼者豈復有愛根邪？翻手爲雲，覆手爲雨，朝杯酒，暮白刃，雖父母兄弟，猶且不顧，他又何怪。

劉光第傳

劉君字裴村，四川富順縣人。性端重敦篤，不苟言笑，志節嶄然，博學能文詩，善書法，詩在韓杜之間，書學魯公，氣骨森竦，嚴整肖其爲人。弱冠後成進士，授刑部主事，治事精嚴。光緒二十年，以親喪去官，教授鄉里，提倡實學，蜀人化之。官京師，閉戶讀書，不與時流所謂名士通，故人鮮知者。及南海先生開保國會，君翩然來爲會員，七月以陳公寶箴薦，召見加四品卿銜，充軍機章京，參預新政。初君與譚君尙未識面，至是既同官又同班。（故事軍機章京，凡兩班輪日入直時，君與譚君同在二班云。）則大相契，譚君以爲京師所見高節篤行之士，罕其比也。向例凡初入軍機者，內侍例索賞錢，君持正不與。禮親王軍機首輔，生日祝壽，同僚皆往拜，君不往。軍機大臣裕祿擢禮部尙書，同僚皆往賀，君不賀，謂時事艱難，吾輩拜爵於朝，當劬王事，豈有暇奔走媚事權貴哉，其氣節嚴厲如此。七月二十六日有湖南守舊黨曾廉上書請殺南海先生及余，深文羅織，謂爲叛逆，皇上恐西后見之，將有不測之怒，乃將其摺交裕祿命轉交譚君按條詳駁之，譚君駁語云：「臣嗣同以百口保康梁之忠，若曾廉之言屬實，臣嗣同請先坐罪。」君與譚君同在二班，乃並署名曰：「臣光第亦請先坐罪。」譚君大敬而驚之。君曰：「即微皇上之命，亦當救志士。況有君命耶，僕不讓君獨爲君子也。」於是譚君益大服君。變既作，四卿同被逮下獄，未經訊鞫。故事提犯自東門出則宥，出西門則死。十三日使者提君等六人自西門出，同人未知生死，君久於刑部，諳囚獄故事，太息曰：「吾屬死，正氣盡。」聞者莫不揮淚。君既就義，其嗣子赴市曹伏屍痛哭一日夜以死。君家貧，堅苦刻厲，詩文甚富，就義後，未知其稿所在。

論曰：裴村之識余，介□□□先生，□□先生有道之士也。余以是敬裴村，然裴村之在京師，閉門謝客，故過從希焉，南海先生則未嘗通拜答，但於保國會識一面，而於曾廉之事，裴村以死相救。嗚呼！眞古之人哉，古之人哉。與裴村未稔，故不能詳記其行誼，雖然犖犖數端，亦可以見其概矣。

譚嗣同傳

譚君字復生，又號壯飛，湖南瀏陽縣人。少倜儻有大志，淹通群籍，能文章，好任俠，善劍術。父繼洵，官湖北巡撫。幼喪母，爲父妾所虐，備極孤孽苦，故操心危，慮患深，而德慧術智日增長焉。弱冠從軍新疆，遊巡撫劉公錦棠幕府。劉大奇其才；將薦之於朝，會劉以養親去官，不果。自是十年，來往於直隸、新疆、甘肅、陝西、河南、湖南、湖北、江蘇、安徽、浙江、台灣各省，察視風土，物色豪傑。然終以巡撫君拘謹，不許遠遊，未能盡其四方之志也。自甲午戰事後，益發憤提倡新學，首在瀏陽設一學會，集同志講求磨礪，實爲湖南全省新學之起點焉。時南海先生方倡強學會於北京及上海，天下志士，走集應和之。君乃自湖南溯江下上海，遊京師，將以謁先生，而先生適歸廣東，不獲見。余方在京師強學會任記纂之役，始與君相見，語以南海講學之宗旨，經世之條理，則感動大喜躍，自稱私淑弟子，自是學識更日益進。時和議初定，人人懷國恥，士氣稍振起。君則激昂慷慨，大聲疾呼。海內有志之士，睹其丰采，聞其言論，知其爲非常人矣。以父命就官爲候補知府，需次金陵者一年，閉戶養心讀書，冥探孔佛之精奧，會通群哲之心法，衍繹南海之宗旨，成《仁學》一書。又時時至上海與同志商量學術，討論天下事，未嘗與俗吏一相接。君常自謂「作吏一年，無異入山」。時陳公寶箴爲湖南巡撫，其子三立輔之，慨然以湖南開化爲己任。丁酉六月，黃君遵憲適拜湖南按察使之命；八月，徐君仁鑄又來督湘學。湖南紳士□□□□□□□□等蹈厲奮發，提倡桑梓，志士漸集於湘楚。陳公父子與前任學政江君標乃謀大集豪傑於湘南，並力經營，爲諸省之倡。於是聘余及□□□□□等爲學堂教習，召□□□歸練兵。而君亦爲陳公所敦促，即棄官歸，安置眷屬於其瀏陽之鄉，而獨留長沙，與群志士辦新政。於是湖南倡辦之事，若內河小輪船也，商辦礦務也，湘粵鐵路也，時務學堂也，武備學堂也，保衛局也，南學會也，皆君所倡論擘畫者，而以南學會最爲盛業。設會之意，將合南部諸省志士，聯爲一氣，相與講愛國之理，求救亡之法，而先從湖南一省辦起，蓋實兼學會與地方議會之規模焉。地方有事，公議而行，此議會之意也；每七日大集眾而講學，演說萬國大勢，及政學原理，此學會之意也。於時君實爲學長，任演說之事。每會集者千數百人，君慷慨論天下事，聞者無不感動。故湖南全省風氣大開，君之功居多。今年四月定國是之詔既下，君以學士徐公致靖薦被徵，適大病不能行，至七月乃扶病入覲，奏對稱旨。皇上超擢四品卿銜，軍機章京，與楊銳、林旭、劉光第同參預新政，時號爲軍機四卿。參預新政者，猶唐宋之參知政事，實宰相之職也。皇上欲大用康先生，而上畏西后，不敢行其志。

數月以來，皇上有所詢問，則令總理衙門傳旨，先生有所陳奏，則著之於所進呈書之中而已。自四卿入軍機，然後皇上與康先生之意始能少通，銳意欲行大改革矣。而西后及賊臣忌益甚，未及十日，而變已起。初君之始入京也，與言皇上無權西后阻撓之事，君不之信。及七月二十七日，皇上欲開懋勤殿設顧問官，命君擬旨。先遣內侍持歷朝聖訓授君，傳上言謂康熙、乾隆、咸豐三朝有開懋勤殿故事，令查出引入上諭中，蓋將以二十八日親往頤和園請命西后云。君退朝，乃告同人曰：「今而知皇上之眞無權矣。」至二十八日，京朝人人咸知懋勤殿之事，以爲今日諭旨將下，而卒不下，於是益知西后與帝之不相容矣。二十九日，皇上召見楊銳，遂賜衣帶詔，有「朕位幾不保，命康與四卿及同志速設法籌救」之詔。君與康先生捧詔慟哭，而皇上手無寸柄，無所爲計。時諸將之中，惟袁世凱久使朝鮮，講中外之故，力主變法。君密奏請皇上結以恩遇，冀緩急或可救助，詞極激切。八月初一日，上召見袁世凱，特賞侍郎。初二日復召見。初三日夕，君徑造袁所寓之法華寺，直詰袁曰：「君謂皇上何如人也？」袁曰：「曠代之聖主也。」君曰：「天津閱兵之陰謀，君知之乎？」袁曰：「然，固有所聞。」君乃直出密詔示之曰：「今日可以救我聖主者，惟在足下，足下欲救則救之。」又以手自撫其頸曰：「苟不欲救，請至頤和園首僕而殺僕，可以得富貴也。」袁正色厲聲曰：「君以袁某爲何如人哉？聖主乃吾輩所共事之主，僕與足下同受非常之遇，救護之責，非獨足下，若有所教，僕固願聞也。」君曰：「榮祿密謀，全在天津閱兵之舉，足下及董、聶三軍，皆受榮所節制，將挾兵力以行大事。雖然董、聶不足道也，天下健者惟有足下。若變起，足下以一軍敵彼二軍，保護聖主，復大權，清君側，肅宮廷，指揮若定，不世之業也。」袁曰：「若皇上於閱兵時疾馳入僕營，傳號令以誅奸賊，則僕必能從諸君子之後，竭死力以補救。」君曰：「榮祿遇足下素厚，足下何以待之？」袁笑而不言，袁幕府某曰：「榮賊並非推心待慰帥者。昔某公欲增慰帥兵，榮曰：『漢人未可假大兵權。』蓋向來不過籠絡耳。即如前年胡景桂參劾慰帥一事，胡乃榮之私人，榮遣其劾帥而己查辦，昭雪之以市恩。既而胡即放寧夏知府，旋升寧夏道。此乃榮賊心計險極巧極之處，慰帥豈不知之？」君乃曰：「榮祿固操莽之才，絕世之雄，待之恐不易易。」袁怒目視曰：「若皇上在僕營，則誅榮祿如殺一狗耳。」因相與言救上之條理甚詳。袁曰：「今營中槍彈火藥皆在榮賊之手，而營哨各官亦多屬舊人。事急矣！既定策，則僕須急歸營，更選將官，而設法備貯彈藥則可也。」乃丁寧而去，時八月初三夜漏三下矣。至初五日，袁復召見，聞亦奉有密詔云。至初六日變遂發。時余方訪君寓，對坐榻上，有所擘畫，而抄捕南海館（康先生所居也）之報忽至，旋聞垂簾之諭。君從容語余曰：「昔欲救皇上既無可救，今欲救先生亦無可救，吾已無事可辦，惟待死期耳。雖然，天下事知其不可而為之，足下試入日本使館謁伊藤氏，請致電上海領事而救先生焉。」余是夕宿於日本使館，君竟日不出門，以待捕者。捕者既不至，則於其明日入日本使館與余相見，勸東遊，且攜所著書及詩文辭稿本數冊家書一篋託焉。曰：「不有行者，無以圖將來；不有死者，無以酬聖主。今南海之生死未可卜，程嬰杵臼，月照西鄉；吾與足下分任之。」遂相與一抱而別。初七八九三日，君復與俠士謀救皇上，事卒不成。初十日遂被逮。被逮之前一日，日本志士數輩苦勸君東遊，君不聽。再四強之，君曰：「各國變法，無不從流血而成。今中國未聞有因變法而流血者，此國之所以不昌也。有之，請自嗣同始！」卒不去，故及於難。君既繫獄，題一詩於獄壁曰：「望門投宿思張儉，忍死須臾待杜根。我自橫刀向天笑，去留肝膽兩崑崙。」蓋念南海也。以八月十三日斬於市，春秋三十有三。就義之日，觀者萬人，君慷慨神氣不少變。時軍機大臣剛毅監斬，君呼剛前曰：「吾有一言！」剛去不聽，乃從容就戮。嗚呼烈矣！君資性絕特，於學無所不窺，而以日新為宗旨，故無所沾滯；善能捨己從人，故其學日進。每十日不相見，則議論學識必有增長。少年曾為考據箋注金石刻鏤詩古文辭之學，亦好談中國古兵法；三十歲以後，悉棄去，究心泰西天文算術格致政治歷史之學，皆有心得，又究心教宗。當君之與余初相見也，極推崇耶氏兼愛之教，而不知有佛，不知有孔子；既而聞南海先生所發明《易》、《春秋》之義，窮大同太平之條理，體乾元統天之精意，則大服；又聞《華嚴》性海之說，而悟世界無量，現身無量，無人無我，無去無住，無垢無淨，捨救人外，更無他事之理；聞相宗識浪之說，而悟眾生根器無量，故說法無量，種種差別，與圓性無礙之力，則益大服。自是豁然貫通，能匯萬法為一，能衍一法為萬，無所罣礙，而任事之勇猛亦益加。作官金陵之一年，日夜冥搜孔佛之書。金陵有居士楊文會者，博覽教乘，熟於佛故，以流通經典為己任。君時時與之遊，因得遍窺三藏，所得日益精深。其學術宗旨，大端見於《仁學》一書，又散見於與友人論學書中。所著書《仁學》之外，尚有《寥天一閣文》二卷，《莽蒼蒼齋詩》二卷，《遠遺堂集外文》一卷，《劄記》一卷，《興算學議》一卷，已刻《思緯吉凶台短書》一卷，《壯飛樓治事》十篇，《秋雨年華之館叢脞書》四卷，《劍經衍葛》一卷，《印錄》一卷，並《仁學》皆藏於余處，又政論數十篇見於《湘報》者，乃與師友論學論事書數十篇。余將與君之石交□□□□□□□□等共搜輯之，爲《譚瀏陽遺集》若干卷。其《仁學》一書，先擇其稍平易者，附印《清議報》中，公諸世焉。君平生一無嗜好，持躬嚴整，面稜稜有秋肅之氣。無子女；妻李閏，爲中國女學會倡辦董事。

論曰：復生之行誼磊落，轟天撼地，人人共知，是以不論；論其所學。自唐宋以後呫畢小儒，徇其一孔之論，以謗佛毀法，固不足道；而震旦末法流行，數百年來，宗門之人，耽樂小乘，墮斷常見，龍象之才，罕有聞者。以爲佛法皆清淨而已，寂滅而已，豈知大乘之法，悲智雙修，與孔子必仁且智之義，如兩爪之相印。惟智也故知，即世間即出世間，無所謂淨土；即人即我，無所謂眾生。世界之外無淨土，眾生之外無我，故惟有捨身以救眾生。佛說：「我不入地獄，誰入地獄？」孔子曰：「吾非斯人之徒與而誰與？」「天下有道，丘不與易。」故即智即仁焉。既思救眾生矣，則必有救之之條理。故孔子治《春秋》，爲大同小康之制，千條萬緒，皆爲世界也，爲眾生也，捨此一大事，無他事也。《華嚴》之菩薩行也，所謂誓不成佛也。《春秋》三世之義，救過去之眾生與救現在之眾生，救現在之眾生與救將來之眾生，其法異而不異；救此土之眾生與救彼土之眾生，其法異而不異；救全世界之眾生與救一國之眾生、救一人之眾生，其法異而不異：此相宗之唯識也。

因眾生根器各各不同，故說法不同，而實法無不同也。既無淨土矣，既無我矣，則無所希戀，無所罣礙，無所恐怖。夫淨土與我且不愛矣，復何有利害毀譽稱譏苦樂之可以動其心乎？故孔子言不憂不惑不懼，佛言大無畏，蓋即仁即智即勇焉。通乎此者，則遊行自在，可以出生，可以入死，可以仁，可以救眾生。

附烈宦寇連材傳

寇君直隸昌平州人也，敏穎梗直，年十五以奄入宮，事西后爲梳頭房太監，甚見親愛，凡西后室內會計皆使掌之。少長見西后所行，大不謂然，屢次幾諫，西后以其少而賤，不以爲意，惟呵斥之而已，亦不加罪。已而爲奏事處太監一年餘，復爲西后會計房太監。甲午戰敗後，君日憤懣憂傷，形於詞色，時與諸內侍嘆息國事，內侍皆笑之以鼻。乙未十月，西后復專政柄，杖二妃，蓄志廢立，日逼皇上爲蒱博之戲，又賞皇上以鴉片煙具，勸皇上吸食，而別令太監李蓮英及內務府人員在外廷造謠言，稱皇上之失德，以爲廢立地步。又將大興土木，修圓明園以縱娛樂。君在內廷大憂之，日夕皺眉凝慮，如醉如癡，諸內侍以爲病狂。丙申二月初十日早起，西后方垂帳臥，君則流涕長跪榻前。西后揭帳叱問何故，君哭曰：「國危至此，老佛爺（宮內人每稱皇帝爲佛爺，西后則加稱老佛爺）即不爲祖宗天下計，獨不自爲計乎？何忍更縱遊樂生內變也。」西后以爲狂叱之去。君乃請假五日，歸訣其父母兄弟，出其所記宮中事一冊授其弱弟，還宮則分所蓄與其小太監。至十五日乃上一摺凡十條：一請太后勿攬政權，歸政皇上；二請勿修圓明園以幽皇上。其餘數條，言者不甚能詳之，大率人人不敢開口之言。最奇者末一條言皇上今尙無子嗣，請擇天下之賢者立爲皇太子，效堯舜之事。其言雖不經，然皆自其心中忠誠所發，蓋不顧死生利害而言之者也。書既上，西后震怒，召而責之曰：「汝之摺汝所自爲乎，抑受人指使乎？」君曰：「奴才所自爲也。」后命背誦其詞一遍。后曰：「本朝成例，內監有言事者斬，汝知之乎？」君曰：「知之，奴才若懼死，則不上摺也。」於是命囚之於內務府愼刑司，十七日移交刑部命處斬。臨刑神色不變，整衣冠，正襟領，望闕九拜乃就義。觀者如堵，有感泣者。越日遂有驅逐文廷式出都之事。君不甚識字，所上摺中之字體多錯誤訛奪云。同時有王四者亦西后梳頭房太監，以附皇上發往軍台。又有聞古廷者皇上之內侍，本爲貢生，雅好文學，甚忠於上，西后忌之，發往寧古塔，旋殺之。丙申二月，御史楊崇伊劾文廷式疏中謂廷式私通內侍聯爲兄弟，即此人也。楊蓋誤以聞爲文云。

論曰：陸象山曰：「我雖不識一字，亦須還我堂堂地做個人。」其寇黃門之謂乎？京師之大，衿纓之眾，儒林文苑之才，斗量車載，及其愛國明大義，乃獨讓一不識字之黃門。嗚呼！可無愧死乎？八月政變以後，皇上之內侍及宮女前後被戮者二十餘人。聞有在衣襟中搜出軍器者，蓋皆忠於皇上，欲設法有所救護也。身微職賤，無由知其名姓，惟據報紙所傳聞，有一張進喜者云，嗚呼！前者死，後者繼，非我皇上盛德感人之深，安能若此乎？嗚呼！如諸宦者亦可以隨六君子而千古矣。

附錄

改革起源

喚起吾國四千年之大夢，實自甲午一役始也。吾國之大患，由國家視其民爲奴隸，積之既久，民之自視，亦如奴隸焉。彼奴隸者苟抗顏而干預主人之家事，主人必艴然而怒，非擯斥則譴責耳。故奴隸於主人之事，罕有關心者，非其性然也，勢使之然也。吾國之人視國事若於巳無與焉，雖經國恥歷國難，而漠然不以動其心者，非其性然也，勢使然也。且其地太遼闊，而道路不通，彼此隔絕，異省之民，罕有交通之，事其相視若異國焉，各不相知，各不相關。誠有如小說家所記巨鯨之體，廣袤數里，漁人斲其背而穴焉，寢處於是，炊爨於是，而巨鯨渺然不之知也。故非受巨創負深痛，固不足以震動之。昔日本當安政間，受浦賀米艦一言之挫辱，而國民蜂起，遂成維新，吾國則一經庚申圓明園之變，再經甲申馬江之變，而十八行省之民，猶不知痛癢，未嘗稍改其頑固囂張之習，直待台灣既割，二百兆之償款既輸，而鼾睡之聲，乃漸驚起，此亦事之無如何者也。

乙未二三月間，和議將定，時適會試之年，各省舉人集於北京者以萬數千計，康有爲創議上書拒之，梁啓超乃日夜奔走，號召連署上書論國事，廣東湖南同日先上，各省從之，各自連署麕集於都察院者，無日不有，雖其言或通或塞，或新或舊，駁雜不一，而士氣之稍申，實自此始。既而合十八省之舉人聚議於北京之松筠庵（庵者明代烈士楊繼盛氏之故宅也），爲大連署以上書，與斯會者凡千三百餘人，時康有爲尚未通籍，實領袖之，其書之大意凡三事，一曰拒和，二曰遷都，三曰變法。而其宗旨則以變法爲歸，蓋謂使前此而能變法，則可以無今日之禍，使今日而能變法，猶可以免將來之禍。若今猶不變，則他日之患，更有甚於今者。言甚激切，大臣惡之，不爲代奏，然自是執政者漸漸引病去，公車之人散而歸鄉里者，亦漸知天下大局之事，各省蒙昧啓闢，實起點於斯舉。此事始末，上海刻有《公車上書記》以紀之，實爲清朝二百餘年未有之大舉也。和議既定，公車既散，康有爲適登進士，授職工部主事，復上書言變法下手之方，先後緩急之序，專主開民智，通下情，合天下人之聰明才力，以治天下之事。而歸本於皇上之獨伸乾斷，勿爲浮言所動。工部堂官惡之益甚，不爲代奏。蓋和議方成，人心震厲，此實我國維新一大關鍵，以皇之天賜勇智，使彼時得人而輔之，其措置更易於今日。此實吾國一大可惜也，今將其書照錄於下。

具呈工部主事康有為，為變通善後，講求體要，乞速行乾斷以圖自強，呈請代奏事。竊職前月不揣狂愚，妄陳大計，自以僭越干犯重誅，待罪彌月，惶恐戰慄，迺蒙皇上天地包容，不責其僭妄之罪，豈非廣芻蕘之聽，立鞀鐸之鵠，以開言路而廣聰明耶。職上感聖明之納言如此，下憤國事之搶攘如彼，前書僅言通變之方，未發體要，及先後緩急之宜，用改冒犯斧鉞，再竭愚誠，為我皇上陳之。竊惟為治之道，在審理勢，勢本無強弱，大小對較而後分，理難定美惡，是非隨時而易義。昔孔子既作《春秋》以明三統，又作《易》以言變通，黑白子丑相反而皆可行，進退消息變通而後可久，所以法後王而為聖師也。不窮經義而酌古今，考勢變而通中外，是刻舟求劍之愚，非闔闢乾坤之治也。今通商既開，外國環逼，既已彼我對立，則如兩軍相當，不能諜其軍法兵謀，無以為用兵應敵，小敵而不知情，則震而張皇，大敵而不知情，則輕而致敗，必然之理也。夫泰西諸國之相逼，中國數千年來未有之變局也。曩代四夷之交侵，以強兵相陵而已，未有治法文學之事也。今泰西諸國以治法相競，以智學相上，此誠從古諸夷之所無也。嘗考泰西所以致強之由，一在千年來諸國並立也，若政稍不振，則滅亡隨之，故上下勵精，日夜戒懼，尊賢而尚功，保民而親下。其君相之於一士一民，皆思用之，故護養之意多，而防制之意少，其士民之於其君其國皆能親之。故有情而必通，有才而必用，其國人之精神議論，咸注意於鄰封，有良法新制，必思步武而爭勝之，有外交內攻，必思離散而窺伺之。蓋事事有相忌相畏之心，故時時有相牽相勝之意，所以講法立政，精益求精，而後僅能相持也。一在立科以勵智學也。泰西當宋元之時，大為教王所愚，屢為回國所破，貧弱甚矣。英人倍根當明永樂時創為新義，以為聰明鑿而愈出，事物踵而增華，主啓新不主仍舊，主宜今不主泥古，請於國家立科鼓勵。其士人著有新書，發從古未創之説者，賞以清秩高第。其工人製有新器，發從古未有之巧者，予以厚幣功牌，皆許其專利，寬其歲年。其有尋得新地，為人跡所未闢，身任大工，為生民所利賴者，予以世爵。於是國人踴躍，各竭心思，爭求新法，以取富貴，各國從之。數十年間，哥倫布尋得美洲萬里之地，闢金山以致富，每年得銀巨萬，而銀錢流入中國矣。墨領遍繞大地，知地如球，而荷蘭葡萄牙大收南洋，舉台灣而占濠鏡矣。哥白尼發地之繞日，於是利瑪竇、熊三拔、艾儒略、南懷仁、湯若望挾技來遊，其入貢有渾天地球之儀，量天縮地之尺，而改中國歷憲矣。至近百年來新法益盛，道光初年始創輪舟，而十二年英人犯我廣州，且遍收四洲為屬地，闢土四萬里矣。道光末年始有電線、鐵路，美人鐵路如織網絲，五里十里，縱橫午貫，而富甲大地。俄人築之，闢地萬里，近者英之得印度、緬甸，俄之得西伯利至琿春，法之得越，皆築鐵路以逼我三陲矣。合十餘國人士所觀摩，君相所激勵，師友所講求，事無大小，皆求新便，近以船械橫行四海，故以薄技粗器之微，而為天下政教之大。人皆驚洋人氣象之強，製造之奇，而推所自來，皆由立爵賞以勸智學為之。一在設議院以通下情也。籌餉為最難之事，民信上則巨款可籌，賦稅無一定之規，費出公則每歲攤派。人皆來自四方，故疾苦無不上聞；政皆出於一堂，故德意無不下達；事皆本於眾議，故權奸無所容其私；動皆溢於眾聽，故中飽無所容其弊。有是三者，故百度並舉，以致富強，然孟子云：「國家閒暇，明其政刑，尊賢使能，大國必畏。」《易》稱「開物成務，利用前民，作成器以為天下利」，《洪範》稱「大同逢吉，決從於卿士庶人」，孟子稱「進賢殺人，待於國人大夫，則彼族實暗合經義之精，非能為新創之治也」。中國自古一統，環列皆小蠻夷，故於外無爭雄競長之心，但於下有防亂弭患之意。至於明世治法尤密，以八股取士，以年勞累官，務困智名勇功之士，不能盡其學，一職而有數人，一人而兼數職，務為分權掣肘之法，不能盡其才，道路極塞，而散則易治。上下極隔，而尊則易威。國朝因用明制，故數百年來大臣重鎮，不聞他變，天下雖大，戢戢奉法，而文網頗疏，取民極薄，小民不知不識，樂業嬉生，此其治效中古所無也。若使地球未闢，泰西不來，雖後此千年率由不變可也，無如大地忽通，強敵環逼，士知詩文，而不通中外，故錮聰塞明，而才不足用，官求安謹，而畏言興作，故苟且粉飾，而事不能興。民多而利源不開，則窮而為盜，官多而事權不屬，則冗而無恥，至於上下隔絕，故百弊叢生，一統相安。故敵情不識，但內而防患，未嘗外而爭強，以此閉關之俗，忽當競長之時，絺綌宜於夏日，雨雪忽至，不能不易重裘，車馬宜於陸行，大河前橫，不能不覓舟楫，外之感觸既異，內之備御因之，故大易貴乎時義，管子貴乎觀鄰，管子曰：國之存也，鄰國有焉。國之亡也，鄰國有焉。舉而不當，此鄰敵所以得志也。天下皆理，己獨亂，國非其國也，諸侯皆合，己獨孤，國非其國也。大而不為者復小，眾而不理者復寡，蓋列國並爭，如孤軍轉戰於長圍，苟精神方略，兵械士馬，少有不逮，敗績立見。大朝一統，如一人偃臥於斗室，但謹户牖，去蚊虻，雖稍高枕，可以無事，今略如春秋戰國之並爭，非復漢、唐、宋、明之專統，所謂數千年未有之變也。若引舊法以治近世，是執舊方以醫變症。藥既不對，病必加危。五十年來講求國是者，既審證之未真，故言戰言和，亦施藥之未當，否則篤守不藥，坐待弱亡，用致割地償款，病日危重，至此傷寒傳里，病人厥陰，昔患水腫痿痹，猶尚龐然，今且枯乾瘦羸，漸無精氣，如不講明病證，盡易舊方，垂危之人，豈堪再誤？但審病之輕重常變不同，則用方之君臣佐使亦異，故今審端致力之始，尤以講明國是為先。伏聞聖意所注垂，下及群臣所論說，咸欲變法自強，可謂通知情勢矣。曩言今當以開創治天下，不當以守成治天下，當以列國並爭治天下，不當以一統無為治天下。誠以積習既深，時勢大異，非盡棄舊習，再立堂構，無以滌除舊弊，維新氣象，若僅補苴罅漏，彌縫缺失，則千瘡百孔，顧此失彼，連類並敗，必至無功。夫夏屋壞於短梲，金堤敗於蟻穴，況欲飾糞牆，雕朽木，而當雷電風雨之交加，焉有不傾覆者哉？他日不知其彌補之非，或歸咎於變改之謬。近者設立海軍、使館、招商局、同文館、製造局、水師堂、洋操船政，而根本不淨，百事皆非，故有海軍而不知駕駛，有使館而未儲使才，有水師堂洋操而兵無精卒，有製造局船澳而器無新製，有總署而未通外國掌故，有商局而不能外國馳驅。若其徇私叢弊，更不必論，故徒糜巨款，無救危敗，反為攻者藉口，以明更張無益而已。職竊料今者，廷議變法，積習難忘，仍是補漏縫缺之謀，非再立堂構之規，風雨既至，終必傾墜，國事有幾，豈可頻誤哉？職伏願皇上召問群臣，講明國是，反覆辨難，露顯事勢，確知舊習之宜盡棄，補漏之無成功，大體既立，而後措施不失，議論著定，而後耳目不驚，先後緩急，乃可徐圖，摧陷廓清，乃可用力。若果能滌除積習，別立堂基，竊為皇上計之，三年則規模已成，十年則治化大定。然後恢復舊壤，大雪仇恥，於以為政地球而有餘矣。夫以不更化則危亡之急如此，能更化則強盛之效如彼，言之豈不易哉？請以土耳其、日本言之。土耳其為回教大國，襟帶兩洲，地五千里，非洲二十餘國，皆其屬藩，陸師天下第一，水師天下第三，以不更化之故，兩辱於俄，其屬地布加利牙、羅馬尼亞、門的內哥、塞爾維亞皆叛而自立，於是俄割其黑海，波斯割其科托，奧割其波森利牙、赫次割偉也納，英割其毛魯塌，希臘割其白海。六大國廢其君而柄其政，為之開議院，築鐵路，於是土不國矣。其他守舊之國，掃滅已盡，性餘我及波斯、暹羅耳。以緬甸之大，我累用兵而不得者，英人旬日而舉之，其得失可以鑑矣。日本蕞爾三島，土地人民不能當中國之十一，近者其國王與其相三條實美改紀其政，國日富強，乃能滅我琉球，割我遼台。以土之大，不更化則削弱如此，以日之小，能更化則驟強如彼，豈非明效大驗哉？況中國地方二萬里之大，人民四萬萬之多，物產二十六萬種之富，加以先聖義理入人之深，祖宗德澤在人之厚，下知忠義而無異心，上有全權而無掣肘，此地球各國之所無，而泰西諸國之所羨慕者也。以皇上之明，居莫強之勢，有獨攬之權，不欲自強則已耳。若皇上真欲自強，則孔子所謂欲仁仁至，孟子所謂王猶反手，蓋惟中國之勢為然。然數千年之舊說，易為所牽，數百年之積習，易為所滯，非常之原，黎民所懼，吐下之方，庸醫不投，苟非有雷霆霹靂之氣，不能成造立天地之功，故非天下之至強，不能掃除也。後有猛虎，則懦夫可以跳澗溪，室遭大火，則吝夫不復惜什器。惟知之極明者，行之自極勇，然非天下之至明，不能洞見也。皇上真有發強剛毅之心，真知灼見之學，掃除更張，再立堂構，自有不能已者。故願皇上先講明之，則餘事不足為也。若猶更化不力，必是講明未至，以為舊習可安。不必更張太甚，是雖有起死之方，無救庸醫之誤矣。竊觀今日經此創鉅痛深之後，未聞臥薪嘗膽之謀，有兵事則惶恐紛紜，既議和則因循敷衍。皇上有自強求治之心，而未聞求言求才之事，上下隔絕，未聞紆尊降貴以通下情，泄沓苟安，未聞震動激勵以易風俗，大小上下，未聞日夜會合謀議自強之舉。大臣宰執，復徇簿書期會往來飲食之文，割地未定，借款未得，仇恥已忘，憤心已釋，過此益可知矣。痲木不仁，飲迷熟睡，刺之不知痛，藥之不能入，誠扁鵲所望而卻步也。若謂待遼台事畢乃議改圖，則今日割地之舉，皆由昔者泄沓之為，不亟圖內治而待命他人，天下甚大，事變日生，撤兵既難，教案旋起，土司未劃，回亂繼生，何日是從容為政時哉？方今求治，雖救火追亡，猶慮不及，而佩玉鳴珂，雅步於覆屋危牆之下，豈有當乎？庸醫模稜，足以殺人，庸人因循，足以誤國。故敢謂廷議變法，積習難忘，風雨既至，終必傾墜者此也。夫斟酌補苴，豈不甚善？而職必謂非掃除更張，終無補益者，何哉？試以一二事言之，如今日所大患者貧弱也，救貧莫如開礦制造通商，救弱莫如練兵選將購械，人所共知也。而科舉不改，積重如故，人孰肯捨所榮趨所賤哉？著書、製器械、辦工尋地之榮途不開，則智學不出，故欲開礦者通礦學則無其人，募製造則創新製者無其器，講通商則通商學者無其業，有所欲作，必拱手以待外夷。故有地寶而不能取，有人巧而不能用，以此求富，安可致哉？鄉塾、童學、讀史、識字、測算、繪圖、天文、地理、光電、化重、聲汽之學校不設，則根柢不立，驅垂老乞丐者為兵，而欲其識字繪圖測表燃炮，必不可得，則兵不如人。選悍夫勇士者為將而欲其讀史知兵測天繪地，必不可得，則將不如人。購外夷開官廠以為船炮槍械，而欲其新式巧製，必不可得，則船炮槍械必不如人。故凡有戰釁，必敗績以搖國家，有兵而不可用，有械而不可恃，以此求強，安可致哉？假如知開礦、製造、通商、練兵、選將、購械之不能驟求矣，於是稍改科舉，而以榮途勵著書製器尋地辦工之人，大增學校，而令鄉塾通讀史、識字、測算、繪圖、天文、地理、光電、化重、聲汽之學，亦可謂能變通矣。然外國凡講一學，必集眾力以成之，固為集思廣益，勸善相摩，亦以購書購器，動費巨萬，非眾擎則不舉。故考天文則有天文之會，凡言天文者皆聚焉。築觀象之台，購渾天之器，美人賀旦購天文鏡費七十萬金，此豈一人能為哉？考地理則有地理之會，凡言地理者皆聚焉，英國阿侯為亞洲地理會首，醵金派人遊歷我亞洲，自東土耳其、波斯回部、西伯利部及我國蒙古、西藏，測量繪圖，窮幽極險。我雲南細圖，英人道光二十五年已繪之，西藏細圖，光緒二年已繪之。我蒙古漠河金礦之山，前年俄人已繪有細圖到天津，他如法人派流丕探滇越之地，而即收越南，派特耳忒遊暹羅考湄江之源，而即割暹羅湄江東岸。近俄英之強入漠河、青海、川藏測繪者不可勝數，既屢見疆臣奏報，以為大患。豈知皆其地理會中人為之，非國家所派者也。特國家之保護，遂收闢地萬里之殊功。其他言礦學有礦學之會，言農學有農學之會，言商學有商學之會，言史學有史學之會，即今教案迭見，天下苦之，亦皆其教會所派之人，並非出於國命，不過為之保護耳。而教民詗察敵情，即以大賴其力。故泰西國勢之強，皆藉民會之故，蓋政府之精神有限，不能事事研精，民會則專門講求，故能事事新闢。其入會之人，自后妃、太子、親王、大臣咸預焉，前者俄后親入醫會，比者日本之後入救人會，皆降至尊而講末業。如中國天子躬耕、後夫人親蠶之義，以資鼓勵。故舉國風從，學業之精，製造之新，實由於此。孔子曰：「百工居肆以成其事，君子居學以致其道。」又曰：「以文會友。」孔子養徒三千，孟子後車數十，唐太學生萬人，宋朱子、陸九淵講學數千人，明徐階講學會者八千，皆治化極盛，絕無流弊。至漢明之季，主持清議，此乃權奸之不利，而國家之大利也。明季貳臣入仕國朝，畏人議之，故嚴其禁，今非其時，豈可復沿其誤。然上不為倡，下不敢作，會若不開，則學亦不成，然學會雖開矣，而學至精微，事至繁重，誰為考授，誰為興舉？鄉裡纖悉，勢必責成於縣令。而縣令上有層累之督撫司道本府以臨之，則控制殊甚，下惟雜流之典史、巡檢、胥差以佐之，則輔理無人，任之極輕，捐納軍功亦可得。待之極賤，抱道懷德不肯為，甚至冗員千數，望差如歲。廉恥衰喪，才識庸鄙，以此而欲其遍開新學，鼓舞人士，大勸農工，興啓利源，豈可得哉？故周則百里封侯，直達天子，漢以太守領令，下逮小民，層級既寡，宣治較易。近者日本之變制也，以縣直隸國主，而親王出為知縣，故下情無不達，而舉事無不行。吾土地遼闊，知縣太多，縱不能如日本直隸國家，亦當如漢制領以巡撫，崇其品秩，任以從臣，上汰藩臬道府之冗員，下增六曹三老之鄉秩，計月選不過數人，簡拔何勞簽部，清流向上，易於自愛，奏報直達，乃可舉事。若明知冗員而不能更革，是雖有良法而無自推行。其餘文書繁密之當刪，卿寺冗閒之宜汰，堂官數人之當並，兼差數四之宜專，吏胥之宜易用士人，百官之宜終身專職，必使盡去具文，乃可施行實政。若猶用明代牽掣之法，必致貽政事叢脞之憂。然一旦而盡革官制，職有以知朝議之未能也。然令改易庶官，遍立諸學矣。而上下不交，縮弊不去。蠹在根本，終難自強。今之知縣，品秩甚卑，所謂親民者也。而書吏千數人，盤隔於內，山野數百里，遼隔於外，小民有冤，呼號莫達，書差訛索，堂署威嚴，長跪問訊，刑獄慘酷，乃至有人命沉冤，鬻子待質，而經年不訊者。若夫督撫之尊，去民益遠，百縣之地，為事更繁，積弊如山，疾苦如海，既已漫無省識，安能發之奏章，況一省一人，一月數摺，閉塞甚矣。何以為治，樞臣位重事繁，又復遠嫌謝客，皇上九重深邃，堂遠廉高，自外之樞臣內之奄寺外，無得親近，況能議論。小臣引見，僅望清光，大僚召見，乃問數語，天威儼穆於上，匍匐拳跪於下，屏氣戰栗，心顏震播，何以得人才而盡下情哉？每日辦事，召見樞臣，限以數刻，皆須了決，伏跪屏氣，敬候顏色，未聞反覆辨難，甚少窮日集思，天下甚大，事變甚微，皇上雖聖，豈無缺失？而限時以言事，拳跪以陳辭，雖有才賢，不能竭盡。當此時變，豈能宏濟艱難哉？夫以無益之虛文，使人不能盡其才，甚非計也。古者三公坐而論道，從容燕坐，講求經國，故能措施晏如，用成上治。夫行以知為本，高以下為基，不講論則有行而無知，不燕坐則有高而無下，冥行必蹶，太高則危，尊嚴既甚，忌諱遂多，上雖有好言之誠，臣善為行意之媚，樂作太平頌聖之詞，畏言危敗亂賊之事。故人才隔絕而不舉，積弊日深而不發，至中國敗壞之由，外夷強盛之故，非不深知，實不敢言。昔黎庶昌奉使日本，有所條陳，但請親王出遊，總署不敢代遞，其他關切皇上之事，皆知之而不言，言之而不達，達之而不動，動之而不行，皇上雖天稟聰明，皆為壅塞。欲坐一室而知四海，較中外而求自強，其道無由。夫天子所以為尊者，威稜遠憺，四夷賓服，德澤流溢，海內乂安。上播祖宗之靈，下庇生民之命，盛德成功，傳於後世，乃可尊耳。若徒隔絕才賢，威臨臣下，以不見不動為尊，以忌諱壅塞為樂，則近之有土地不守人民不保之患，遠之有徽欽蒙塵二世瓦解之禍。人情安於所習，蔽於所見，而禍敗一來，悔無可及。職曩言皇上尊則尊矣，實則獨立於上，皇上何樂此獨尊？良為此也，夫使內示尊於奴隸，而外受辱於強鄰，與內交泰於臣民，而外揚威於四海，孰得孰失，不待皇上之明，無不能辨之者。夫天地交則泰，天地不交則否，自然之理也。歷觀自古開國之君，皆與民相親，挽輅可以移駕，止輦可以受言，所以成一代之治也。自古危敗之君，並與其臣相隔絕，隋煬之畏聞盜賊，萬曆之久不視朝，所以致國祚之傾也。伏讀太宗文皇帝聖訓，謂明主自視如天，臣下隔絕，是以致敗，我國上下相親，是以能強，嗚呼！明室之所以亡，我朝之所以興者，盡在此矣。孟子謂如恥之莫如師文王，師文王大國五年，小國七年，必為政於天下，蓋文王之聖，與國人交，鹿鳴文王之詩也。笙簧飲食，以臣為賓，故能成郅治，流美至今。夫太宗文皇帝我朝之文王也，竊願皇上師之，紆尊降貴，與臣民相親，而以明季太尊為戒，天地既交，萬物萌動，根本既淨，堂構自立，百度昭舉，自強可致矣。皇上若深觀時變，稍降尊嚴，職所欲言者有五焉：一曰，下詔求言，破除壅蔽，罷去忌諱，許天下言事之人，到午門遞摺，令御史輪值監收，謂之上書處，如漢公車之例，皆不必由堂官呈遞，亦不得以違礙阻格，永以為例。若言有可採，溫旨褒嘉，或令召對，霽顏詢問，庶闢門明目，洞見萬里。二曰，開門集議，令天下郡邑十萬戶而推一人，凡有政事，皇上御門令之會議，三占從二，立即施行，其省府州縣咸令開設，並許受條陳以通下情。三曰，闢館顧問，請皇上大開便殿，廣陳圖書，每日辦事之暇，以一時親臨燕坐。顧問之員，輪二十員分班侍值，皇上翻閱圖書，隨宜咨問，訪以中外之故，古今之宜，經義之精，民間之若，吏治之弊，地方之情。或霽威賜坐，或茶果頒食，令盡所知能，無有諱避，上以啓聖聰，既廣所未聞，下以觀人才，即勵其未學，令天下人才皆在左右，宰縣奉使皆在特簡，問其方略，責以成功，許其言事，嚴其賞罰，則人皆踴躍發憤，仰酬知遇，治天下可運之掌矣。其顧問之員，一取於翰林，文學侍從，人才較多，閒散日甚，宜令輪值；一取於薦舉，用世宗憲皇帝之法，令大臣翰詹科道下及州縣各薦人才，凡有藝能皆得薦舉，貴搜草澤，禁薦顯寮，或分十科，俾無遺賢，雖或濫竽，必有異才，宜令輪值，其不稱旨者隨時罷去，其荒謬者罰其舉主；一取於上書，其條陳可採，召對稱旨者，與薦舉人並稱待詔，亦令輪值；一取於公推，集議之員，郡縣分舉，各熟情勢，自多通才，亦令輪值。四曰，設報達聰，周官訓方誦方掌誦方慝方志，庶周知天下，意美法良，宜令直省要郡各開報館，州縣鄉鎮亦令續開，日月進呈，並備數十副本發各衙門公覽，雖宵旰寡暇，而民隱咸達，官慝皆知。中國百弊，皆由蔽隔，解蔽之方，莫良於是。至外國新報，能言國政，今日要事，在知敵情，通使各國著名佳報咸宜購取，其最著而有用者，莫如英之《泰晤士》，美之《滴森》，令總署派人每日譯其政藝以備乙覽，並多印副本隨邸報同發，俾百寮咸通悉敵情，皇上可周知四海。五曰，開府闢士，宰相之職，在於進賢，漢世三公，皆有曹掾，妙闢英賢，以為毗佐。故漢之公府，得人最盛，今之樞臣，乃畏謹避，人與天下之才賢不接，豈能為撥亂之任哉？宜復漢制，令開幕府，略置官級，聽其闢士，督撫縣令，皆仿此制，其有事效，同升之公，庶幾宰府多才，可助謀議。然後分遣親近王公大臣遊歷，以資諳練，罷去官吏傔從閽役繁重，以示親民，免嚴刑長跪，以恤民艱，厚俸祿養廉，以勸吏恥。如是則順天下之人心，發天下之民氣，合天下之知以為知，取天下之才以為才，天下臣庶，欣喜舞蹈，奔走動色，樂事勸功，尊君親上，然後興舉新法，經營百度，昭明融洽，天下一家，無幾微之弊而不去，無幾微之利而不舉，惟皇上意之所欲為，無不如志矣。皇上果講明不惑，斷然施行，則致力之先後，成功之期效，皆可為皇上次第言之，先引咎罪己，以收天下之心，次賞功罰罪，以伸天下之氣，然後舉逸起廢，求言廣聽，廣顧問以盡人才，置議郎以通下情。數詔一下，天下雷動，想望太平，外國變色，斂手受約矣。三月之內，懷才抱藝之士，雲集都中，強國救時之策，並伏闕下。皇上與二三大臣聚精會神，延引講問，撮群言之要，次第推施，擇群士之英，隨器拔用，賞擢不次以鼓士氣，沙汰庸冗以澄官方，於是簡傔從，厚俸祿，增幕府，革官制，政皆疏通，立道學，開藝科，創譯書，遣遊學，教亦具舉。徵議郎則易於籌餉，而藉民行鈔皆可圖，榮智學則各竭心思，而巧製精工可日出，然後鐵路與郵政並舉，開礦與鑄銀兼行，農學與商學俱開，使才與將才並蓄，皆於期歲之內，可以大起宏規。中土海禁久開，頗有藝學之士，分為教習，各赴榮途，至於三年，鐵路之大段有成，礦產之察苗有緒，書藏遍設，報館遍開，遊學多歸，新制紛出，諸學明備，人才並起，道路大闢，知識俱開，荒地漸墾，工院漸眾，遊民漸少，乞丐漸稀，童塾皆識字知算之人，農工有新制巧思之法，織布裁造，漸可收內地之利，商務輪舶，漸可馳域外之觀，然後練兵選將，測海製械，次第可講矣。遲以十年，諸學如林，成才如麻，鐵路羅織，礦產洋溢，百度舉而風俗成，製造極精，創作極眾，農業精新，商貨四達，地無餘利，人有餘饒，槍炮船械之俱巧，訓練駕駛之俱精。富教既舉，武備亦修。夫以歐洲十六國，合其人數僅二萬萬，我乃倍之。以二千萬之練兵，加數百艘之鐵艦，揚威海外，誰能禦之？凡此成功，可以克期而計效者也。然今左右貴近，率以資格致大位，多以安靜為良圖，或年已耆耄，精神漸短，畏言興革，多事阻撓，必謂天澤當嚴，官制難改，求言求才，徒增干進之士，開院集議，有損君上之權。夫君貴下施，天宜交泰，冗官宜革，掣權非時。既已言之，若夫大考以詩賦超擢，館選以楷法例授，同為干進，抑何取焉？況進言薦舉之士，必多倜儻之才，遺大投艱之時，貴有非常之舉，我聖祖仁皇帝開鴻博之科，正當滇亂之日，乃知聖人之宏謨，固非常人所識度也，豈可以一二濫竽而阻非常之盛舉哉？至會議之士，仍取上裁，不過達聰明目，集思廣益，稍輸下情，以便籌餉。用人之權，本不屬是，乃使上德之宣，何有上權之損哉？若謂皇上萬機殷繁，宵旰勤勞，上書既眾，報紙益多，既費顧問之時，安有披覽之暇？豈知上書雖多，提綱先見，其無關政要，派人閱讀，其指陳切要，即於顧問之處，可以集眾講求，其有燕暇，隨意閱報，但使得備乙覽，已可風化肅然，吏不懷奸，人皆自勵矣。若狃於俗說，不能掃除，則舉事無人，百弊叢積，稍變一二，終難補苴，而民日以貧，兵日以弱，士日以愚，國日以蹙，強夷環逼於外，會匪蔓延於內，五年之間，江、浙、閩、廣、滇、桂恐不能保，十年之內，皖、楚、遼、藏、蒙、回亦慮變生，二十年後，敗壞非所敢知矣。此尚言其常者，若瓦解之患，則旦夕可致，殷鑑不遠，即在前明，得失之效如此，皇上果何擇焉？竊聞皇上觸念時艱，頓足憂嘆，惕勵之心，達著於外，推此一念，可以大有為也。然有自強之心而不能充，居莫強之勢而不能用，竊為皇上惜之，嘗推皇上有憂危之心，而不能赫然憤發掃除更張者，大半牽於庸臣無動為大之言，容悅謹媚之習。夫諸臣當有事則束手無策，坐受縛割，當無事則容媚畏謹，苟持祿位，今者在皇上則土地已割矣，在諸臣則富貴無恙也。方其私憂竊嘆，亦有危心，無如畏謹成風，迫為容悅。詩説謂與師處者帝，與友處者王，與奴隸處者亡，皇上日與容悅之臣處，惟有拜跪唯諾使令趨走而已，安得不致今日之事哉？上尊下媚，中塞外侮，謀略不能用，逆耳不能入，以此而求自強，猶之楚而北行，其道背矣，然二十年來粉飾承平，大臣皆非以才能進用，率以年資累官，但以供文字奔走之勞，本不能責以旋乾轉坤之任，惟在皇上內審安危，斷自聖衷而已。夫中國人主之權，雷霆萬鈞，惟所轉移，無不披靡。昔齊桓公好紫，舉國皆服，秦武王好勇士，舉國尚斗，今以楷法詩文驅天下，而人士皆奔走風從，然則撫有四萬萬人，何施而不可，何欲而不得哉？又視皇上所措而已。皇上居可為之位，有憂憤之心，當萬難少緩之時，處不能自己之勢，不勝大願，伏乞皇上講明理勢之宜，對較中外之故，特奮乾斷，龔行天健，破積習而復古義，啓堂構而立新基，無為舊俗所牽，無為庸人所惑，紆降尊貴，通達下情，日見賢才，日求讜論，以整紀綱而成大化，雪仇恥而揚天威，宗廟幸甚，天下幸甚。職疏逖小臣，豈敢妄參大計，但目擊國恥，憂思憤盈，棟折榱壞，同受傾壓，今將南歸，感激聖明，瞻望宮闕，眷戀徘徊，不能自己，用敢再竭愚誠冀補萬一。其推行之節目，經理之章程，瑣細繁重，不能詳及，如蒙垂採，或賜召對，當別輯書進呈，不勝冒昧戰慄之至。伏乞代奏皇上聖鑑。謹呈。

光緒二十一年閏五初八日

此書既不克上達，康有爲以爲望變法於朝廷，其事頗難。然各國之革政，未有不從國民而起者，故欲倡之於下，以喚起國民之議論，振刷國民之精神，使厚蓄其力，以待他日之用。於是自捐資創《萬國公報》於京師，徧送士夫貴人，與梁啓超、麥孟華撰之，日刊送二千份。又倡設強學會於北京，京朝士大夫集者數十人，每十日一集。集則有所演說，時張之洞爲南洋大臣聞而善之，寄五千金以充會中之用。時京師無有爲報者，中國士夫無有爲會者，有之皆自康有爲創之，然大學士徐桐、御史褚成博等咸欲劾之。九月康有爲出京遊南京，說張之洞謀設強學分會於上海，張大喜，會遂成。此會所辦之事爲五大端，一譯東西文書籍，二刊布新報，三開大圖書館，四設博物儀器院，五建立政治學校。我國之有協會有學社自此始也，今將康有爲所撰強學會序文錄於下：

俄北瞰，英西睒，法南瞵，日東眈，處四強鄰之中而為中國，汲汲哉，況磨牙涎舌思分其餘者尚十餘國；遼台茫茫，回變擾擾，人心惶惶，事勢僋僋，不可終日。昔印度亞洲之名國也，而守舊不變，英人以十二萬金之公司通商而墟五印矣。昔土耳其回部之大國也，疆土跨亞、歐、非三洲，而守舊不變，為六國執其政剖其地廢其君矣。其餘若安南、緬甸，若高麗，若琉球，若暹羅，若波斯，若阿富汗，若俾路芝，及國於太平洋群島非洲者凡千數百計，今或削或亡，舉地球守舊之國，蓋已無一瓦全者矣。我中國孱臥於群雄之中，鼾寢於火薪之上，政務防弊而不務興利，吏知奉法而不知審時，士主考古而不主通今，民能守舊而不能行遠。孟子曰：「國必自伐而後人伐之。」蒙盟、奉吉、青海、新疆、衛藏土司圉繳之守，咸為異墟，燕齊、閩浙、江淮、楚粵、川黔、滇桂膏腴之地，悉成盜糧，吾為突厥人不遠矣。西人最嚴種族，薄視非類，法之得越南也，絕越人科舉富貴之路，昔之達官，今作貿絲也。英之得印度百年矣，而英民所得自由之權利，印人無一能得，芸芸土著，畜若牛馬。若吾不早圖，倏忽分裂，則桀黠之輩，王謝淪為左衽，忠憤之徒，原卻夷為皂隸，伊川之發，駢闐於萬方，鐘儀之冠，蕭條於千里，三州父子，分為異域之奴，杜陵弟妹，各銜鄉關之蹙，哭秦庭而無路，餐周粟而匪甘，矢成粱之家丁，則螳臂易成沙蟲，覓泉明之桃源，則寸埃更無淨土，肝腦原野，衣冠塗炭，嗟吾神明之種族，豈可言哉，豈可言哉！夫中國之在大地也，神聖繩繩，國最有名，義理制度，文物駕於四溟。其地之廣於萬國等在三，其人之眾等在一，其緯度處溫帶，其民聰而秀，其土腴而厚，蓋大地萬國未有能比者也，徒以風氣未開，人才乏絕，坐受陵侮。昔曾文正與倭文端諸賢講學於京師，與江忠烈、羅忠節諸公講練於湖湘，卒定撥亂之功。普魯士有愛國之會，遂報法仇；日本有尊攘之徒，用成維新。蓋學業以講求而成，人才以摩厲而出，合衆人之才力，則圖書易庀，合衆人之心思，則聞見易通。《易》曰：君子以朋友講習。《論語》曰：百工居肆以成其事，君子學以致其道。海水沸騰，耳中夢中，炮聲隆隆，凡百君子，豈能無淪胥非類之悲乎？圖避謗乎閉户之士哉，有能來言維新乎？豈惟聖清二帝三王孔子之教，四萬萬之人將有託耶。

蓋中國人向來閉關自守，絕不知本國危險之狀，即有一二稍知之者，亦以爲國家之禍，於己無與，蓋習聞前朝易姓革命故事，其降服新朝者皆可復得本官，民間亦安土樂業，以爲雖不幸而亡國，亦不過如是，而不知今日西人之滅人國，大異於昔時也。康有爲撰此開會主義書，痛陳亡國以後慘酷之狀，以激勵人心。讀之者多爲之下淚，故熱血震湯，民氣漸伸，而守舊之徒惡之，御史楊崇伊上奏劾其私立會黨，顯干例禁，請旨查封。計北京強學會僅開四月，上海強學會僅開月餘，至乙未十一月遂被禁止。蓋吾國維新之起點，在於斯舉，而新舊黨之相爭，亦起於斯矣。

湖南廣東情形

中國苟受分割，十八行省中可以爲亡後之圖者，莫如湖南、廣東兩省矣。湖南之士可用，廣東之商可用，湖南之長在強而悍，廣東之長在富而通。余廣東人也，先言廣東。

守舊之徒，談及洋人則嫉之如仇，與洋人交涉則畏之如虎，此實頑固黨之公例也。廣東爲泰西入中國之孔道，濠鏡一區，自明代已爲互市之地，自香港隸屬於英，白人之足跡益繁，故廣東言西學最早，其民習與西人遊，故不惡之，亦不畏之，故中國各部之中，其具國民之性質，有獨奇不羈氣象者，惟廣東人爲最。

中國內地之人，愛國之心甚弱。其故皆由大一統已久，無列國生存競爭之比較，而爲之上者又復從而蒙壓之，故愚民之見，以爲己國之外更無他國，如是則既不知有國矣，何由能生其愛哉？故中國人乏愛國心者，非其性惡也，愚害之也。廣東人旅居外國者最多，皆習見他邦國勢之強，政治之美，相形見絀，義憤自生，故中國數年以來，朝割一省，夕割一郡，內地之民，視若無睹，而旅居外國之商民，莫不扼腕裂眦，痛心疾首，引國恥如己恥者，殆不乏人，然則欲驗中國人之果有愛國之心與否，當於廣東人驗之也。

中國人工作之勤，工價之廉，而善於經商，久爲西人所側目，他日黃種之能與白種抗衡者，殆恃此也。然於中國人之中，具此美質者，亦惟廣東人爲最。又其人言語與他省不同，凡經商於外國者，鄉誼甚篤，聯合之力甚大。前者中國曾兩次派遣學生留學美國，後雖半途撤歸，而學生自備資斧，或傭工於人，持其工資以充學費，終能卒業者，尚不乏人。其人皆廣東產爲多，因中國棄而不用，今率皆淪落異國，其實此中不無可用之才也。

湖南以守舊聞於天下，然中國首講西學者，爲魏源氏、郭嵩燾氏、曾紀澤氏，皆湖南人，故湖南實維新之區也。發逆之役，湘軍成大功，故囂張之氣漸生，而仇視洋人之風以起。雖然，他省無眞守舊之人，亦無眞維新之人，湖南則眞守舊之人固多，而眞維新之人亦不少，此所以異於他省也。

湖南向稱守舊，故凡洋人往遊歷者動見殺害，而全省電信、輪船皆不能設行。自甲午之役以後，湖南學政以新學課士，於是風氣漸開，而譚嗣同輩倡大義於下，全省沾被，議論一變。及陳寶箴爲湖南巡撫，其子陳三立佐之，黃遵憲爲湖南按察使，江標任滿，徐仁鑄繼之爲學政，聘梁啓超爲湖南時務學堂總教習，與本省紳士譚嗣同、熊希齡等相應和，專以提倡實學，喚起士論，完成地方自治政體爲主義。今將去年十二月梁啓超上陳寶箴一書，論湖南應辦之事者錄於下，覽者可以見湖南辦事之情形焉。

今之策中國者必曰興民權，斯固然矣，然民權非可以旦夕而成也。權者生於智者也，有一分之智，即有一分之權，有六七分之智，即有六七分之權，有十分之智，即有十分之權，是故國即亡矣，苟國人之智與滅我之國之人相等，則彼雖滅吾國，而不能滅吾權。阿爾蘭之見並於英人是也，今英倫之人應享利益，阿爾蘭人無不均沾也。即吾民之智不能與滅我之國之人相等，但使其智日進者則權亦日進，印度是也。印度初屬於英，印人只能為第六七等事業，其第五等以上事業，皆英人為之。（凡官事私事莫不皆然，如一衙署則五等以上官皆英人，一公司則總辦幫辦及高等司事皆英人也。）近則第二等以下事業，皆印人所為矣。其智全塞者則其權全亡。非洲之黑人，墨洲之紅人，南洋之棕人是也。此數種者只見其為奴隸為牛為馬，日澌月削，數十年後，種類滅絕於天壤耳，更無可以自立之時矣。夫使印度當未亡之時，而其民智慧即能如今日，則其蚤為第二等人也久矣，使其有加於今日，則其為第一等人也亦已久矣。是故權之與智相倚者也。昔之欲抑民權，必以塞民智為第一義，今日欲伸民權，必以廣民智為第一義。湖南官紳有見於民智之為重也，於是有時務學堂之設。意至美矣，然於廣之之道則猶未盡也。學堂學生只有百二十人，即使一人有一人之用，其為成也亦僅矣。而況此輩中西兼習，其教之也當厚植其根柢，養蓄其大器，非五年以後，不欲其出而與聞天下事也。然則此五年中，雖竭盡心力以教之，而風氣仍不能出乎一學堂之外，昭昭然矣。故學生當分為二等，其一以成就遠大，各有專長，各有根柢為主，此百二十人是也；其一則成就不必其遠大，但使於政學之本源，略有所聞，中外之情形，無所暗蔽，可以廣風氣消阻力，如斯而已。由前之說，則欲其精，由後之說，則欲其廣。大局之患，已如燎眉，不欲湖南之自保則已耳。苟其欲之，則必使六十餘州縣之風氣，同時並開，民智同時並啓，人才同時並成。如萬軍齊力，萬馬齊鳴，三年之間，議論悉變，庶幾有濟，而必非一省會之間，數十百人之力，可以支持，有斷然矣。則必如何然後能如此，就其上者言之，一曰朝廷大變科舉，二曰州縣遍設學堂，斯二者行，頃刻全變，而非今日之所能言矣。有官紳之力所可及，而其成效之速，可與此二事相去不遠者。一曰全省書院，官課、師課、改課時務也。以嶽麓求賢之改章，及孝廉堂之為學會，士林舉無間然，然則改課亦當無違言必矣。官課師課全改，耳目一新，加以學政所至，提倡新學，兩管齊下，則其力量亞於變科舉者無幾矣。二曰學堂廣設外課，各州縣咸調人來學也。州縣遍設學堂，無論款項難籌，即教習亦無從見聘，教習不得人講授，不如法勞而少功，雖有若無耳。以余所見，此間各處書院諸生講習經年，而成就通達者，寥寥無幾，大約為開風氣起見，先須廣其識見，破其愚謬，但與之反覆講明政法所以然之理。國以何而強，以何而弱，民以何而智，以何而愚，令其恍然於中國種種舊習之必不可以立國。然後授以東西史志各書，使知維新之有功，授以內外公法各書，使明公理之足貴，更折衷於古經古子之精華，略覽夫格致各學之流別。大約讀書不過十種，為時不過數月，而其見地固已甚瑩矣。乃從而摩激其勢力，效勵其忠憤，使以保國保種保教為己任，以大局之糜爛，為身之恥疚。持此法以教之，間日必有講論，用禪門一棒一喝之意，讀書必有箚記，仿安定經義治事之規。半年以後，所教人才，可以拔十得五，此間如學堂學生鼓篋不過月餘耳，又加以每日之功，學西文居十之六。然其見識議論則已殊有足觀者，然則外課成就之速更可冀矣。大抵欲厚其根柢學顓門之業，則以年稚為宜，欲廣風氣觀大略速其成就，則以年稍長為善。蓋苟在二十以上，於中國諸學會略有所窺者，則其腦筋已漸開，與言政治之理皆能聽受，然後易於有得，故外課生總以不限年為當。前者出示在此間招考，僅考兩次，已迫歲暮，來者百餘人，可取者亦三十人。然設此課之意，全在廣風氣，其所重者在外府州縣，故必由學政按臨所至，擇其高才年在三十以下者，每縣自三人至五人咨送來學。其風始廣，然各府遼遠，寒士負笈之資，固自不易，愚意以為莫如合各州縣為具川資咨送到省，每歲三五人之費，為數無幾，雖瘠苦之縣，亦不至較此區區，到省以後，須謀一大廈使群萃而講習，若學堂有餘力則普給膏火，否則但給獎賞而已。（如不給膏火，則須問其願來與否，乃可咨送。）此項學生速則半年，遲則一年，即可遣散，另招新班，擇其學成者授以憑記，可以為各縣小學堂教習。一年之後，風氣稍成，即可以飭下各州縣，每縣務改一書院為學堂，三年之間，而謂湘人猶有嫉新學如仇與新學為難者其亦稀矣。二曰遣學生遊學外國。時務學堂內課諸生，既授之以經史大義，厚其中學之根柢，養成其愛國之熱心，則當遣往外國學政治、法律、財政、行政學、兵法諸專門，先選其俊秀者以五十人為額，為第一班，第二年續有高才，則續選五十人為第二班，凡設四班，合為二百人，以四年分遣之，每留學者以四年為率，及其歸也以之治湖南一省之事，人才固恢然有餘，即為全國之用，亦可庶幾矣。若慮經費難籌，則先遊學日本，日本雖小國，而三十年來智學之進，駸駸焉追及歐洲，我但先學日本，亦已足為吾目前之用矣。

欲與民權，宜先與紳權，欲與紳權，宜以學會為之起點，此誠中國未嘗有之事，而實千古不可易之理也。夫以數千里外渺不相屬之人，而代人理其飲食訟獄之事，雖不世出之才，其所能及者幾何矣。故三代以上，悉用鄉官。兩漢郡守，得以本郡人為之，而功曹掾吏，皆不得用它郡人，此古法之最善者，今之西人莫不如是。唐宋以來，防弊日密，於是悉操權於有司，而民之視地方公事，如秦越之人視肥瘠矣。今欲更新百度，必自通上下之情始，欲通上下之情，則必當復古意，採西法重鄉權矣。然亦有二慮焉，一曰慮其不能任事，二曰慮其藉此舞文也。欲救前弊，則宜開紳智，欲救後弊，則宜定權限。定權限者何？西人議事與行事分而為二，議事之人，有定章之權，而無辦理之權；行事之人，有辦理之權，而無定章之權。將辦一事，則議員集而議其可否，既可乃議其章程，章程草定，付有司行之，有司不能擅易也。若行之而有窒礙者，則以告於議員議而改之。西人之法度，所以無時不改。每改一次，則其法益密，而其於民益便，蓋以議事者為民間所舉之人也。是故有一弊之當革，無不知也，有一利之當興，無不聞也。其或有一縣一鄉之公益，而財力不能舉者，則議員可以籌款而辦之，估計其需費之多少而醵之於民焉，及其辦成也，則將其支用款項列出清單，與眾人共見，未有不願者也。譬之一街之中，不能無擊柝之人，於是一街之户宅集議，各出資若干而僱一人為之，一鄉之中，欲築一橋修一路，於是一鄉之户宅集議，或按田畝，或按人丁，各出資若干而動工為之，未有不願者也。推而大之而一縣而一省而一國莫不如是，西人即以此道治一國者也。（吾中國非不知此法，但僅以之治一鄉治一街，未能推廣耳。）故每月應籌款項，皆待命於下議院，下議院則籌之於民，雖取之極重，而民無以為厲己者。蓋合民財以辦民事，而為民所信也。民亦知此事之有益於己，非獨力所能辦，故無不樂輸以待上之為我成之也。（如一街四十户，每户月輸一百，即得四千，可以用一擊柝之人以為己保護財產，若非得一人總任其事，則雖每户月自出二百仍不能用一人。）故有鄉紳為議事，則無事不可辦，無款不可籌，而其權則不過議此事之當辦與否，及其辦法而已，及其辦之也，仍責成於有司，如是則安所容其舞文也？至於訟獄等事，則更一委之於官，鄉紳只能為和解，或為陪審人員，而不能斷其讞，然則又何舞文之有乎？西人舉國而行之，不聞有弊，則亦由權限之劃定而已。開紳智者何？民間素不知地方公事為何物，一切條理皆未明悉，而驟然之使其自辦，是猶乳哺之兒而授之以杯箸，使自飲食，其殆必矣。故必先使其民之秀者日習於公事，然後舉而措之裕如也。今中國之紳士使以辦公事，有時不如官之為愈也，何也？凡用紳士者，以其於民間情形熟悉，可以通上下之氣而已。今其無學無智，既與官等，而情偽尚不如官之周知，然則用之何為也？故欲用紳士，必先教紳士，教之惟何，惟一歸之於學會而已，先由學會紳董各舉所知品行端方，才識開敏。紳士每州縣各數人，咸集省中入南學會。會中廣集書籍圖器，定有講期，定有功課，長官時時臨蒞以鼓勵之，多延通人為之會長。發明中國危亡之故，西方強盛之由，考政治之本源，講辦事之條理，或得有電報，奉有部文，非極秘密者，則交與會中俾學習議事，一切新政將舉辦者，悉交會中議其可辦與否，決議其辦法，次議其籌款之法，次議其用人之法，日日讀書，日日治事，一年之後，會中人可任為議員者過半矣。此等會友亦一年後除酌留為總會議員外，即可分別遣散，歸為各州縣分會之議員，復另選新班在總會學習。紳智既開，權限亦定，人人既知危亡之故，人人各思自保之道，合全省人之聰明才力，而處心積慮，千方百計，以求辦一省之事，除一省之害，捍一省之難，未有不能濟者也。

紳權固當務之急矣，然他日辦一切事，捨官莫屬也，即今日欲開民智，開紳智，而假手於官力者，尚不知凡幾也。故開官智又為萬事之起點，官貧則不能望之以愛民，官愚則不能望之以治事，聞黃按察思所以養候補官，優其薪水之法，此必當速辦者也，既養之則教之，彼官之不能治事，無怪其然也。彼胸中曾未有地球之形狀，曾未有歐洲列國之國名，不知學堂工藝商政為何事，不知修道養兵為何政，而國家又不以此考成，大吏又不以此課最，然則彼亦何必知之，何必學之？舉一省之事而委之此輩未嘗學問無所知識之人之手，而欲其事之有成，是猶燃薪以止沸，卻行而求前也，而無如不辦事則已，苟辦事則其勢不能不委之此輩之手，又不可以其不能辦而不辦也，然則將如之何？曰教之而已矣，教官視教士難，彼其年齒已老，視茫髮蒼，習氣極深，宦情薰灼，使之執卷伏案，視學究之訓頑童，難殆甚焉。然教官又視教士易，彼其望長官如天帝，覬缺差若九鼎，宮中細腰，四方餓死，但使接見之時，稍為抑揚，差委之間，微示宗旨，雖強之以不情之舉，猶將赴湯蹈火以就之，而況於導之以學乎？故課吏堂不可不速立，而必須撫部為之校長，司道為之副校長，其堂即設在密邇撫署之地，每日或間一二日，必便衣到堂，稽察功課，隨時教誨。最善者莫如刪堂屬之禮，以師弟相待，堂中陳設書籍，張掛地圖，各官所讀之書，皆有一定，大約各國約章，各國史志，及政學、公法、農工商、兵、礦政之書，在所必讀。多備報章，以資講求，各設劄記，一如學堂之例。延聘通人為教習，評閱功課，校長及副校長隨意譚論，隨意閱劄記，或閱地圖而與論其地之事，或任讀一書而與論其書之美惡，聽其議論而可以得其為人矣。而彼各官者恐功課不及格而獲譴，恐見問不能答而失意，莫不爭自濯磨，勉強學問矣。教之既熟，必有議論明達，神氣堅定者出矣。或因好學而特予優差，或因能任事而委之繁缺，數月之後，家弦誦而人披吟矣。聞曾文正每日必有一小時與幕府縱譚，若有事應商，則集幕府僚屬使之各出意見，互相辯論。文正則不發一言，歸而採之，既可於此事集思廣益，復可見其人之議論見地。駱文忠則每集司道於一圓桌，令以筆墨各陳所見。岑襄勤、丁雨生之辦事如訓蒙館然，聚十數幕友於一堂，陳十數幾桌，定時刻治事，隨到隨辦，案無留牘，此誠治事之良法也。今日之中國，亦頗苦於禮矣，終日之晷刻，消磨於衣冠應酬迎送之間者不知凡幾，交受其勞，而於事一無所補。日日議變法，此之不變，安得有餘日以任應辦之事乎？是宜每日定有時刻，在課吏堂辦事，一切皆用便衣，凡來回事者立談片刻，不迎不送，除新到省衣冠一見外，其餘衙門例期悉予停免，有事咸按時刻在堂中相見，則形骸加適，而治事加多，斯實兩得之道也。至實缺各官，關係尤重，既未能盡取而課之，亦必限以功課，指明某書令其取讀。必設箚記，讀書治事二者並見。須將其讀書所有心得，及本縣人情物產風俗咸著之箚記中，必須親筆，查有代筆者嚴責。（難者必以為實缺官身任繁劇，安能有此休暇，不知古人仕優則學，天下斷無終年不讀書而可以治事之理，每日苟定出時刻，以一兩點鐘讀書，未必即無此暇晷也。）頻頒手諭，諄諄教誨，如張江陵與疆臣各書，胡文忠示屬員各諭，或以嚴厲行之，或以肫誠出之，未有不能教誨者也。吏治之怠散久矣，參劾則無人可用，亦不可勝劾，其無咎無譽，臥而治之，無大惡可指者，亦常十居六七焉。夫立木偶於庭，並水不飲，其廉可謂至矣，然而不能為吏者。吏者治事者也。吏不治事，即當屏黜，豈待擾民哉？雖然治事者必識與才兼然後可去也。若並不知有此事，不知此事之當辦，則曷從治之，未嘗講此事之辦法，則曷從治之，西國治一事則有一事之學堂，既學成而後授以事矣，然其每日辦事之暇，未嘗有一日廢書者（不讀書則看報，貴至君主，賤至皮匠，莫不皆然），今國人士自其鼓篋之始，則已學非所用，用非所學，及一入宦途，則無不與書卷長別。《傳》曰：「子有美錦不使人學制焉，一官一邑，身之所庇也，而使學制焉，又況於終其身而不學者乎？」中國一切糜爛，皆起於此，而在位者杳焉不自覺，今日興一新法，明日興一新法，而於行法之有人與否，漠然而不之計，此真可為痛哭流涕者也。以上三端，一曰開民智，二曰開紳智，三曰開官智，竊以為此三者乃一切之根本，三者畢舉，則於全省之事，若握裘挈領焉矣。至於新政之條理，則多有湖南所已辦者，如礦務、輪船、學堂、練兵之類；或克日開辦者，如學會、巡捕、報館之類；或將辦而尚有阻力者，如鐵路之類；或已辦而尚須變通擴充者，如鈔票、製造、公司之類。今不必述，而竊以為尚有極要者二事：一曰開馬路，通全省之血脈，則全省之風氣可以通，全省之商貨可以出；二曰設勸工博覽場，取各府州縣天產人工之貨聚而比較之，工藝精者優加獎勵。長沙古稱貧國，而五代馬氏即恃工商以立邦，今欲易貧而富，則非廣勵工商末由也，今全省無論已辦將辦未辦各事，除紳士協辦外，苟經官手，則幾無事不責成於一二人。其事至繁，其勢至散，一人之精神，有萬不能給之勢，然捨此則又無可倚畀。鄙意以為宜設一新政局（各省有洋務局之稱，其名最不雅馴不可用），一切新政皆總於其中，而使一司道大員為總辦，令其自舉幫辦以下之人，事歸一線，有條不紊，或稍易為力也。

此書即爲湖南辦事之起點，後此湖南一切事，皆依此書次第行之，而南學會尤爲全省新政之命脈，雖名爲學會，實兼地方議會之規模，先由巡撫派選本地紳士十人爲總會長，繼由此十人各舉所知，輾轉汲引以爲會員。每州每縣皆必有會員三人至十人之數，選各州縣好義愛國之人爲之。會中每七日一演說，巡撫學政率官吏臨會，黃遵憲、譚嗣同、梁啓超及學長□□□等輪日演說中外大勢政治原理行政學等，欲以激發保教愛國之熱心，養成地方自治之氣力，將以半年之後，選會員之高等，留爲省會之會員。其次者則散歸各州縣爲一州一典之分會員，蓋當時正德人侵奪膠州之時，列國分割中國之論大起，故湖南志士人人作亡後之圖，思保湖南之獨立，而獨立之舉，非可空言，必其人民習於政術，能有自治之實際然後可。故先爲此會以講習之，以爲他日之基，且將因此而推諸於南部各省。則他日雖遇分割，而南支那猶可以不亡，此會之所以名爲南學也。當時所辦各事，南學會實隱寓眾議院之規模，課吏堂實隱寓貴族院之規模，新政局實隱寓中央政府之規模，巡撫陳寶箴、按察使黃遵憲皆務分權於紳士，如慈母之煦覆其赤子焉。各國民政之起，大率由民與官爭權，民出死力以爭之，官出死力以壓之，若湖南之事勢，則全與此相反，陳、黃兩公本自有無限之權，而務欲讓之於民，民不自知其當有權，而官乃費盡心力以導之，此其盛德殆並世所希矣。今將黃遵憲在南學會演說之語，及譚嗣同在《湘報》中所撰之論說，照錄於下，可以見當時之苦心矣。

黃遵憲南學會第一次講義：

諸君諸君，何以謂之人？人飛不如禽，走不如獸，而世界以人為貴，則以禽獸不能群，而人能合人之力以為力，以制伏禽獸也，故人必能群而後能為人。何以謂之國？分之為一省一郡，又分之為一邑一鄉，而世界之國，只以數十計，則以郡邑不足以集事，必合眾郡邑以為國，故國以合而後能為國。

自周以前，國不一國，要之可名為封建之世，世爵世祿世官，即至愚不道。如所謂生於深宮之中，長於婦人之手，驕淫昏昧，至於不辨菽麥，亦靦然肆於民上，而舉國受治焉。此宜其傾覆矣，而或傳祀六百，傳年八百，其大夫士之舉國同休戚者無論矣。而農以耕稼世其官，工執藝事以諫其上，一商人耳，亦與國盟約，強鄰出師，犒以乘韋而伐其謀。大國之卿，求一玉瓊而吝弗與，其上下親愛，相維相繫乃如此。此其故何也？蓋國有大政，必謀及卿士，謀及庶人，而國人曰賢，國人曰殺，一刑一賞，亦與眾共之也。故封建之世，其傳國極秘，而政體乃極公也。

自秦以後，國不一國，要之可名為郡縣之世。郡縣之世，設官以治民，慮其不學也，光之以學校，慮其不才也，繼之以科舉，慮其不能也，於是有選法，慮其不法與不肖也，於是有處分之法，有大計之法，求官以治民，亦可謂至周至密至纖至悉矣。然而彼入坐堂皇，出則呵道者，吾民之疾病禍難困苦顛連，問其所以，瞠目不能答也。即官之昏明賢否勤惰清濁，詢之於民，民亦不能知也，溝而分之，界而判之，曰此官事，此民事。積日既久，官與民無一相信，寖假而相怨相謗相疑相誹。遂使離心離德，壅蔽否塞，泛泛然若不繫之舟，聽民之自生自殺自教自養，官若不相與者，而不賢者復舞文以弄法，乘權以肆虐，以民為魚肉，以己為刀砧，至於晚明有破家縣令之稱。民反以官為擾，而樂於無官，此其故何也？官之權獨攬，官之勢獨尊也。凡上下相交之政，如所謂亭長、三老、嗇夫、里老、糧長近於鄉官者，皆無有也。舉一府一縣數十萬人之命，委之於二三官長之手，曰是則是，曰非則非，而此二三官長者，又委之幕友、書吏、家丁、差役之手而臥治焉，而晝諾坐嘯焉，國烏得而治？故郡縣之世，其設官甚公，而政體則甚私也。

諸君諸君，諸君多有讀二十四史者，名相、良將、能吏、功臣，可謂繁多矣。惟讀至《循吏傳》，則不過半卷耳，數十篇耳，二三十人耳。無地無官，無時無官。漢唐宋明，每朝數百年，所謂循吏者只有此數，豈人性殊哉？抑人材不古若歟？嘗考其故，一則不相習也。本地之人，不得為本地之官，自漢既有三互之法，如今之迴避。至明而有南北互選之法，赴任之官，動數千里，土風不諳，山川不習，一切俗禁，茫然昧然。余嘗見一廣東糧道，詢其慣否，彼謂飲食衣服均不相同，嗜欲不通，言語不達，出都以後，天地異色，妻奴僮僕，日夕怨嘆，惟願北歸，以如此之人，而求其治民，能乎不能？此不相習之弊。一則不久任之弊也，今制以三年為一任，道府以下，不離本省，是朝廷固知不久任之弊矣。然而州縣各官，員多缺少。朝令附郭，夕治邊地，或升或遷，或調或降，或調劑，或署理，或代理，或兼攝，甫知其利，甫知其弊，尚有所作為，而捨此而他去矣。而賢長官量其時之無幾，力之所不能，亦遂斂手退縮而不敢動，又況築台者一簣而九仞，移山者由子而逮孫，凡大政事大興革，非一朝一夕之所能為，慮其半途而廢也，中道而止也，前功之盡棄也，則亦惟置之度外，棄之不顧耳。明之循吏，昔推況鐘，其治蘇州凡十九年，聞轅門鼓樂嫁女，乃曰吾來此時，此女甫乳哺耳，惟久於其任，乃以循吏稱。今安得有十九年之知府耶，諸君試思之，不相習與宴會時之生客何異，不久任與逆旅中之過客何異，然而皆尊之為官矣。

嗟夫嗟夫，余粵人也，粵為邊地，諺有之曰，天高帝遠，皆不知朝廷，只知有官長耳，亦不知官為誰何名字，但見入坐堂皇，出則呵道者，則駭而避之。舉吾等之身家性命田園廬墓。盡交給於其手而受治焉。譬之家有家長，子孫數十人，家長能食我、衣我、妻室我、田宅我，為子弟者將一切惰廢，萬事不治，盡仰給於家長耶。抑將進德修業，以自有成立耶。諸君諸君！此不煩言而決，不如子弟之自期成立明矣。委之於家長猶且不可，乃舉吾之身家性命田園廬墓，委之於宴會之生客，逆旅之過客，而名之為官者，則烏乎其可哉？然則如之何而後可，所求於諸君者，自治其身，自治其鄉而已矣。某利當興，某弊當革，學校當變，水利當籌，商務當興，農事當修，工業當勸，捕盜當講求，以鬧教滋禍者為家難，以會匪結盟者為己憂。先事而經畫，臨事而綢繆，此皆諸君之事，孟子有言，匹夫匹婦，不被其澤，若己推而納之溝中，況吾同鄉共井之人，而不思援手耶？范文正做秀才時，便以天下為己任，況一鄉一邑之事，而可諉其責耶？顧亭林言風教之事，匹夫與有責焉。曾文正公論才亦以風俗為士夫之責，願與諸君子共勉之而已。

諸君諸君，能任此事，則官民上下，同心同德，以聯合之力，收群謀之益，生於其鄉，無不相習，不久任之患，得封建世家之利，而去郡縣專政之弊，由一府一縣推之一省，由一省推之天下，可以追共和之郅治，臻大同之盛軌。余之言略盡於此，而尚有極切要之語為諸君告者，余今日講義，譬之者曰開民智，毀之者曰侵官權，欲斷其得失，一言以蔽之曰，公與私而已。諸君能以公理求公益，則余此言不為無功，若以私心求私利，彼擅權恃勢之官，必且以余為口實，責余為罪魁，乞諸君共鑑之，願諸君共勉之而已，諸君諸君聽者聽者。

譚嗣同記官紳集議保衛局事：

今夫捨其官權，略其勢位，棄其箝軛民刀俎民之文若法，下與士民勤勤然謀國是，共治理，以全生而遠害，初若不知己之為官，而官之可以箝軛刀俎民也者，世必曰天下烏有此不智之官矣。然而捨其官權，略其勢位，決棄其箝軛民刀俎民之文若法，下與士民勤勤然謀國是，共治理，以全生而遠害，初若不知己之為官，而官之可以箝軛刀俎民也者，而士與民方竊竊焉疑之議之遠避之，曰奈何不箝軛我而刀俎我也，則寧得曰此天下之智士之智民乎？善乎唐才常之論保衛局也，曰泰西日本之有警察部也，長官主之，與凡議院章程不同，平心而論，此事本官權可了，而中丞陳公廉訪黃公必處處公之紳民者，蓋恐後來官長視為具文，遂參以紳權，立吾湘永遠不拔之基，此尤大公無我至誠至信之心，可以質鬼神，開金石，格豚魚。夫欲興紳權，遂忘其為削己之官權，為人而遺己，寧非世俗所謂愚者乎？而廉訪黃公與觀察況公桂馨黃公炳離，則猶恐紳之弗受其權也，而集諸紳士於保甲局，反覆引喻，終日不倦，且任之曰，某為董事，某為董事，聽者感動興起，皆思有以自效，攄慮發謀，各陳其臆。蓋罔不動中機宜矣。顧嗣同尤有大憂奇懼腐心泣血不忍言而又不忍不言者，遂揚言曰：保衛局之善，唐氏言之詳矣，吾不贊言，言其大者，事之大有如國之存亡乎？則胡不見台灣乎？一旦割棄，所謂官者皆相率內渡矣。又不見山東乎，雖巡撫總兵之尊，且褫職去位矣。故世變至無常，而官者至不可恃者也，官以遵奉朝旨為忠，以違抗朝旨為罪，不幸復有台灣、山東之事，官惟有袱被而去耳，豈能為我民而少遲回斯須哉？斯時也，則任外人之戎馬蹴踏我，任外人之兵刃臠割我，誰為我父母而護翼我，誰為我長上而捍衛我，雖呼天搶地於京觀血海之中，宛轉哀號，悔向者之不早自為謀，而一聽之官之非計，豈有及哉？豈有及哉？然則乘此崦嵫之短景，預防眉睫之急焰，官又假我以有可為之權，我不速出而自任而誰任矣？夫當速出而自任，寧止保衛一局，而保衛局特一切政事之起點，而治地方之大權也。自州縣官不事事，於是有保甲局之設，其治地方之權，反重於州縣官。今之所謂保衛，即昔之所謂保甲，特官權紳權之異焉耳。夫治地方之大權，官之所以為官者此而已，今不自惜若此，豈真官之不智哉？亦誠自料不能終護翼我捍衛我，又不忍人之蹴踏我臠割我，而出此萬不得已之策，以使我合群通力，萃離散，去壅蔽，先清內治，保固元氣，庶幾由此而自生抵力，以全其身家，此其用意之深而苦，亦至要感矣。且聞之公法家，凡民間所辦之事，即他人入室，例不得奪其權，是則歷常變而不敗者，又捨是末由也。議既終，吾請濡筆記之，且正告吾紳吾士吾民曰：吾願睹吾屬之智何如矣。

蓋當時湖南新政辦有端緒者，在教育、警察、裁判三事，此保衛局即效警察署之規模也。黃遵憲以爲警察一署，爲凡百新政之根柢，若根柢不立，則無奉行之人，而新政皆成空言。故首注意於是，先在長沙試辦。初辦之時，舊黨謗議，愚民驚疑，及開辦數月，商民咸便之。此次政變以後，百舉皆廢，惟保衛局因紳民維持，得以不廢，此亦興民權之利益也。黃遵憲爲按察使，職司刑獄，故銳意整頓裁判監獄之事，刪淫刑之陋俗，定作工之罰規，民甚感之。

中國向來守舊之徒，自尊自大，鄙夷泰西爲夷狄者無論矣，即有一二號稱通達時務之人，如李鴻章、張之洞之流，亦謂西法之當講者，僅在兵而已，僅在外交而已，曾無一人以蓄養民力，整頓內治爲要務者。此所謂不務本而欲齊其末，故雖日日言新法，而曾不見新法之效也。而彼輩病根之所在，由於不以民爲重，其一切法制，皆務壓制其民，故不肯注意於內治。蓋因欲興內治，不能不稍伸民權也。觀於湖南之事，乃知陳寶箴、黃遵憲等之見識，遠過李鴻章、張之洞萬萬矣。

自時務學堂、南學會等既開後，湖南民智驟開，士氣大昌，各縣州府私立學校紛紛並起，小學會尤盛，人人皆能言政治之公理，以愛國相砥礪，以救亡爲己任，其英俊沉毅之才，遍地皆是。其人皆在二三十歲之間，無科第，無官階，聲名未顯著者，而其不可算計。自此以往，雖守護者日事遏抑，然而野火燒不盡，春風吹又生，湖南之士之志不可奪矣。雖全國瓜分，而湖南亡後之圖，亦已有端緒矣。今並將啓超所撰南學會序附載於下，閱者可以知立此會之宗旨焉。

歲十月，啓超以湘中大夫君子之督責，辭不獲命，乃講學於長沙，既至而湘之大夫君子，適有南學會之設，不以啓超為不文也，而使為之序，序曰：嗚呼！今之策時變者，則曰八股不廢，學校不興，商政不修，農工不飭，民愚矣，未有能國者也。蒙則謂八股即廢，學校即興，商政即修，農工即飭，而上下之弗矩絜，學派之弗溝通，人心之無勢力，雖智其民而不能國其國也。敢問國，曰有君焉者，有官焉者，有士焉者，有農焉者，有工焉者，有商焉者，有兵焉者。萬其目，一其視，萬其耳，一其聽，萬其手，萬其足，一其心，萬其心，一其力，萬其力，一其事。其位望之差別也萬，其執業之差別也萬，而其知此事也一，而其志此事也一，而其治此事也一，心相構，力相摩，點相切，線相交，是之謂萬其塗，一其歸，是之謂國。有國於此，君與君不相接，官與官不相接，官與士不相接，士與士不相接，士與農與工與商與兵不相接，農與農工與工商與商兵與兵不相接，如是乃至士與君不相接，農工商兵與官不相接，之國者何國矣，曰使其國千人也，則為國者千，使其國萬人也，則為國者萬，嗚呼不得謂有國焉矣。今夫軀萬也，心萬也，力萬也，位望萬也，執業萬也，雖欲一之，孰從而一之。吾乃遠稽之三代，乃博觀於泰西。彼其有國也必有會，君於是焉會，官於是焉會，士於是焉會，民於是焉會，旦旦而講之，昔昔而摩厲之，雖天下之大，萬物之多，而惟強吾國之知，故夫能齊萬而為一者，捨學會其曷從與於斯。昔普之覆於法也，普不國也，時乃有良民會，卒報大仇也。法之覆於普也，法不國也，時乃有記念會，不數年而法之強若疇昔也。意大利之軛於教皇也，希臘之軛於突厥也，意與希不國也，時乃有保國會、保種會，卒克自立，光復舊物也。日本之劫盟於三國也，日不國也，時乃有薩摩長門諸藩侯激勵其藩士，畜養其豪傑，汗且喘走國中，以倡大義，一嘯百吟，一伸百問疾，時乃有尊攘革政改進自由諸會黨，繼軌並作，遂有明治之政也。今夫以地之小如日本，民之寡如日本，幕府秉政以來，士之偷民之靡國之貧兵之弱，如日本，君相爭權，內外交訌，時務之危蹙如日本，當彼之時，其去亡也不容發，而卒有今日，則豈非會之為功，有以蘇已死之國，而完瓦裂之區者乎？

嗟夫！吾中國四萬萬人，為四萬萬國之日蓋已久矣。甲午、乙未之間，敵氛壓境，沿海江十數省，風聲鶴唳，草木兵甲，舉國自上達下，抱頭護頸，呼妻喚子，蒼黃涕泣，戢戢待縶封，猶可言也。曾不數月，和議既定，償幣猶未納，戍卒猶未撤，則已以歌以舞，以遨以嬉，如享太牢，如登春台，其官焉者依然惟差缺之肥瘠是問，其士焉者依然惟八股、八韻大卷、白摺之工窳是講，即有一二號稱知學之英，憂時之彥，而漢宋有爭，儒墨有爭，彝夏有爭，新舊學有爭，君民權有爭，乃至興一利源，則官與商爭，紳與民又爭，舉一新政，則政府與行省爭，此省與彼省又爭，議一創舉，則意見歧而爭，意見不歧而亦爭。究之陰血周作，張脈僨興，旋動旋止，只視為痛癢無關之事，而其心之熱力，久冰銷雪釋於亡何有之鄉，而於國之恥，君父之難，身家之危，其忘之也抑已久矣，曾不知中國股分之票，已騈闐於西肆，瓜分中國之圖，已高張於議院。持此以語天下，天下人士猶瞠目莫之信，果未兩載，而德人又見告矣，今山東膠灣之據，閩海船島之割，予取予攜，拱手以獻，不待言矣。而其欲猶未厭，其禍猶未息，試問德人今日必索山東全省改隸德版，我何以拒之？試問俄人今日以一旅兵收東三省直隸山陝，我何以拒之？試問法人今日以一介使索雲貴兩廣，我何以拒之？試問英人今日以一紙書取楚蜀吳越，我何以拒之？然則所恃以延一線之息，偷一日之活者，恃敵之不來而已。敵無日不可以來，國無日不可以亡，數年以後，鄉井不知誰氏之藩，眷屬不知誰氏之奴，血肉不知誰氏之俎，魂魄不知誰氏之鬼。及今猶不思洗常革故，同心竭慮，摩蕩熱力，震撼精神，致心皈命，破釜沉船，以圖自保於萬一，而猶禽視鳥息，行屍走肉，毛舉細故，瞻前顧後，相妒相軋，相距相離，譬猶蒸水將沸於釜，而鯈魚猶作蓮葉之戲，燎薪已及於棟，而燕雀猶爭稻粱之謀，不亦哀乎？今夫西人不欲分裂中國，斯亦已矣，苟其欲之，如以千鈞之弩潰癰，何求不得，何願不成，然又必遲回審顧，累歲而不發者，則豈不以彼之所重者在商務，一旦事起，淪胥糜爛，而於彼固非有所大利，故苟可已則無寧已也。而無如中國終不自振，終不自保，則其所謂淪胥糜爛者，終不能免，而彼之商務，無論遲速，而必有受牽之一日。故熟思審處，萬無得已，而勢殆必出於瓜分云爾。然則吾苟確然示之以可以自振可以自保之機，則其謀可立戢，而其禍可立弭，昭昭然矣。此所以中東之役以後，而泰西諸國猶徘徊莫肯先動，以待我中國之有此一日，乃至三年，一無所聞，而德人之事，乃復見也。夫所謂可以自振可以自保之機者何也？即吾向者所謂齊萬而為一，而心相構而力相摩而點相切而線相交，蓋非是而一利不能興，一弊不能革，一事不能辦。雖曰呼號痛哭，奔走駭汗，而其無救於危亡一也。吾聞日本幕府之末葉，諸侯擁土者數十，而惟薩長土肥四藩者，其士氣橫溢，熱血奮發，風氣已成，浸假遍於四島。今以中國之大，積弊之久，欲一旦聯而合之，吾知其難矣，其能如日本之已事，先自數省者起，此數省者其風氣成，其規模立，然後浸淫披靡，以及於他省，苟萬夫一心，萬死一生以圖之，以力戴王室，保全聖教，噫或者其猶可為也。湖南天下之中，而人才之淵藪也。其學者有畏齋、船山之遺風，其任俠尚氣，與日本薩摩長門藩士相彷彿，其鄉先輩若魏默深、郭筠仙、曾劼剛諸先生為中土言西學者所自出焉。兩歲以來，官與紳一氣，士與民一心，百廢具舉，異於他日，其可以強天下而保中國者，莫湘人若也。今諸君子既發大願，先合南部諸省而講之，庶幾官與官接，官與士接，士與士接，士與民接，省與省接，為中國熱力之起點，而上下從茲其矩絜，學派從茲其溝通，而數千年之古國，或尚可以自立於天地也。則啓超日日執鞭以從諸君子之後所忻慕焉。

光緒聖德記

第一章 上捨位忘身而變法

上以變法被廢，仁至義盡，其委曲苦衷，罕有知之者。乙未年上欲變政，旋為西后所忌。杖二妃，逐侍郎長麟、汪鳴鑾，流妃兄侍郎志銳，褫學士文廷式，永不敘用，皆以諸臣請收攬大權之故。太監寇連材請歸政，則殺之。於是上幾廢，以醇酒自晦僅免，乃能延至今歲。長麟者素亢直，恭親王倚用之人也。及革長麟奉懿旨時，上述旨，恭親王跪哭問何故，上揮手曰「不必問」，君臣相向對哭，恭邸哭至不能起。文廷式請上收大權，上搖手囑勿言，上知一攬政權，西后必見忌也久矣。及旅大繼割，上曰：「我不能為亡國之君，若不假我權，我寧遜位。」蓋明知西后之忌，而至是亦不能避也，惟有致命遂志，冀補救而已。四月二十三日，甫下國是之詔，而二十七日西后即逐師傅翁同龢，命榮祿出督直隸，總制董、聶、袁三軍，下詔閱兵，令二品以上大臣遞摺召見，於是訓政廢立之局定矣。夫翁同龢為上二十餘年師傅，上之親臣只此一人，既逐矣。西后親見大臣，令其明遞摺矣。散督辦處令其私人統諸軍矣。訓政幽廢之事，上豈不知，蓋以坐聽西后之縱肆守舊，地必盡割，而國必偕亡，與其亡國而為軹道之降，煤山之續，既喪國辱身，貽謗千古，不如姑冒險而變法，幸則猶可望收政權而保國土，不幸亦可大開民智，而待之將來，中國或可存一線焉。當是時也，社稷爲重，而君位爲輕，以民爲貴而身爲賤，無人與謀，獨斷聖心，決然冒險犯難而行之。如項羽之破釜沉舟，如賓須無之背城借一，其濟則祖宗之靈也，其不濟則聽其廢聽其幽聽其弑，其以死殉社稷，以死告祖宗，以死對四萬萬臣民，寧甘爲唐中宗、魏顯宗之廢弑於淫妾，以白其志於天下，而不忍爲劉禪之歸命，徽欽之青衣，以一身任亡國之恥辱。蓋自歸政十年，隱忍躊躇，盤桓待時，一恨於失安南，再恨於割遼台，三恨於割膠旅，與其中割鐵路、輪船、礦產、商務、兵權，種種懷羞蒙恥，抱恨含怒，鬱積沉詳，深思熟權，不得已而後以身殉天下。於是皇上誓不爲天津閱兵之行，蓋亦留以有待，不幸爲權奸變而早發，將帥不忠，遂至幽廢。然八股既廢，學堂、學會、報館，雲滃波沸，數千萬人士騰奮踴躍，競共講求，即使復廢，而開數千萬人士之智，成效既睹，不能得抑，中國一線之不亡，或賴於此。維新愛民之詔書，朝發暮下，海內外讀詔書者爲之流涕，人人皆有中國自強之望，及聞幽廢，咸哭泣失聲，涕不可抑。（橫濱商人大同學校學生則已然矣。）咸哀失我聖主，如喪慈母，且慮中國從此亡，盛德遺愛如此。嗚呼！我皇上之捨位忘身，以救天下，自古之至仁大慈，豈有過此者哉？寧幽廢篡弒於妾母，而不忍含垢蒙羞於亡國，其權衡至當，大義明決，豈有過此哉？而說者或疑爲急激，或譏不能堅忍。夫忍之十年，淫肆聽之，土木聽之，縱宦寺開貨賄聽之，任權奸用昏謬聽之，盡亡屬國聽之，喪師辱國聽之，遍割邊地聽之，盡輸寶藏盡失權利聽之。日日熟視，年年畫押，以一身任祖宗之統，人民之寄，坐受天下萬世之責，敵國外患之侮，若是者十年。日甚一日，年甚一年，自視其國將爲土崩，將爲瓦解，將爲豆剖，將爲瓜分，將爲魚爛，將爲波蘭，將爲印度，將爲安南，將爲緬甸。祖宗大業，從此隕墮，神州民庶，從此陸沉，宗廟社稷，將不血食，鐘虡將墮頓，衣冠將塗炭，宮闕將禾黍。若是者無所知識，酣寢薪火則已，令稍有知識，每一念至，發憤汗下，怒發上指，目眦欲裂，不可一旦忍，況聖明如我皇上者，觀萬國若觀火，念萬民在塗炭，既仁且智，又安能忍？然而沉幾待變，忍辱負重，含垢忍尤，於今十年，至待之無可待，忍之無可忍，而後出此。即不然則安坐以待之，從容以忍之，一切再聽西后之所爲，則九月天津閱兵幽廢如故，而聖明英武不著，盛德不暴於天下，遺愛不留於百姓，更附益以謗言，則眞爲昌邑之續耳。況加以有割地削權之辱，則誣爲得罪於祖宗，得罪於天下，亦何能見白於天下後世哉？固以爲廢之爲宜耳。即幸而不廢，再坐聽西后之恣肆遊侈，興土木，縱宦寺，任權奸，用昏耄，但保頤和咫尺之園，而日日割地失權，坐亡萬里祖宗之天下而不顧，則終之亦爲子嬰之輿櫬，懷愍之行酒，幸亦僅爲安南之虛名，不幸則爲緬甸之被虜，其知者責以敝笱不能制大魚，此於魯莊不能防文姜，六極之弱，失天下不能無罪。其不知者則傅會文致，盡以魏胡靈後之行事之醜歸之於明莊烈帝，責以無道亡國，亦復誰能辯者，豈若今即幽廢，而激天下之怒，則朱虛平勃東之敬業，猶有望焉以保國祚。嗚呼！我皇上處至難之境，難白之地，而卒以仁智垂功德於天下，捨身輕萬乘，而思以保國救民，自非至聖仁人，孰能若此者乎？

第二章　新政皆無人輔佐而獨斷

皇上英斷絕人，當五月以來，變行新法，上之親臣只翁同龢一人，早已驅逐，其樞臣中皆守舊庸懦，無一通古今中外之才，無一人願贊維新，並無一人能備顧問者，乃至內外諸大臣皆然。以上之明，日與諸守舊衰謬之臣相見相接，無一能稍酬聖意，稍答聖問者，行事無所與謀，畫策無可與決，立法無可與議，疑義無可與難，掌故新法無可與問。當是時，上讀古今中外之書甚多，講西法甚熟，皆遠出諸大臣千萬，而諸臣非惟不能佐助，若剛毅且挾西后李蓮英之勢，每事必與上忤。而上無逐大臣之權，無用人之權，雖有所善，不能置一人於左右，朝夕謀議，以問天下之人才，知天下之情勢，考中外之形局，斟酌損益變法之宜，條理構畫新法之全局，雖欲開制度局懋勤殿而不能也。即有可信任之人，非徒不敢用，且避嫌不敢多見，以備顧問。謀議一事，僅藉奏折以通之，而奏折皆與天下共之，故上有欲疑問謀議而不能，下欲請委曲措施而不可，以新法之重大，用人行政之要，從古所難，未有不藉一人毗贊謀議，而能敷政優優者，上乃一切獨斷，裁自聖心。五月至七月九十日之中，新政大行，從善如轉圜，受言如流水，雖上壓於西后，下阻於群臣，而規模廣大，百度維新，掃千載之秕政弊風，開四萬萬人之聰明才智，流風善政，美不勝書。民望蒸蒸，國勢日起，以二千年來之賢君英主，在位數十年之久，賢才數十人之多，可書之事，可傳之政，未有若我皇上無權無助行政九十日之多者，令有全權，多賢輔而久道化成，豈止孕虞育夏，甄殷陶周哉？算學家之反正比例可以推矣。

第三章　群僚士民皆許上書

國朝天澤極嚴，君臣遠隔，自內而公卿台諫，外而督撫，數百十人外，不能遞折，其庶僚名雖許由堂官代遞，士民許由察院代遞，而承平無事，大臣亦稀諫書，故壅閉成風，庶僚士民既不上書，堂官察院亦不肯代遞，故雖有四萬萬人，實數十資格老人支拄掩塞之而已。聖祖世宗時，各道尚間有遞折者，嘉道後則絕無之。故疾苦如山，積弊如海，九重萬里，無由聞知。向來譬之如十七重浮屠，層層塞隔，雖有才人志士，扼腕嗟嘆，而敵患民隱，無由達於上聽，良言嘉謨，無由入告於后，即以恭親王雖爲親藩，位猶人臣，而士夫不能見，不能上書。故在總署三十餘年，聰明絕人，而萬國情事不能解，輿圖亦未能詳考，蓋尊貴太甚，壅蔽必多故也。餘若宰相、大臣、督撫、司道，皆士民所不能上書者，蓋蔽塞甚矣。即前朝間有太學生上書，亦絕無民人上書者，皇上乃欲盡知民隱，欲盡覘天下人才，識破盡壅塞，蕩開堂壁，既勸開報館以求昌言，復許藩臬道府上折，既許群僚及州縣遞奏，並許士民上書，又恐詣闕爲難，聽在外由州縣封遞，非徒國朝所無，亦千古所未有，考通史而不得見者也。於是懷才抱志之士，望風雲集，咸得吐胸臆紓實學於聖主之前，九流並湊，百孔同和，上備嘉納，見之施行，眞千古未有之盛遇也。四萬萬人中，凡有疾苦，凡有積滯，凡有才賢，孰不呈露破除於聖主之前乎？廣聞見而決積壅，通下情而達民隱，坐一室而知四海，不窺戶牖而知天下，非聖人而能若是乎？

第四章　豁達大度

國朝堂陛既嚴，又承平日久，權臣和珅穆彰阿之流，以督責箝群臣之口，奏折中一字之失，一畫之誤，體裁少謬，非徒嚴譴，有得重禍者，故群僚畏謹恐不自保，石慶馬五尾之獲罪也久矣。當群僚上書之日，多出草野，不諳奏折體式，或有官銜在上，或稱職不稱臣，或稱呈不稱奏，體裁雜沓，上皆不問，明降上諭曰：「吾欲覘舉國人才識耳，體式何責焉？」至有野民漁人上書，用二尺之長條，稱及皇上亦不抬頭，皇上笑而置之，求言之深，求才之切，寬小故而舉大誼，大度容人，蓋自古所未見焉。

第五章　日昃勤政

承平日久，大臣皆以資格進用，偷惰度日，阻隔言路，章奏日稀，入直即退。既許群僚及士民上書後，都察院每日遞折數十，各署亦然，折厚有至百數十開者。上雞鳴而起，日晡乃罷，猶不能盡。上乃自閱其要者，除令譚嗣同四京卿入軍機覽閱，然每日猶不能畢。或請少加制限，上終不倦，不肯限制，此又自古所無。先是章奏或少，上端坐穆思前日之折，斟酌施行，退朝則考讀西法新政之書，日昃不遑，其勤政如此。

第六章　求才若渴

唐宋皆五日一朝群臣，明世見大臣尤稀，神宗乃至二十九年不見臣下，國朝立法，每日必召群臣，不問寒暑，皇上求才若渴，海內豪俊，日有薦舉。每日除樞臣大臣及值員外，召見薦舉人才，垂問勤勤，或過一二時許稱旨者擢用，擬開懋勤殿以謀議制度，用外國通才以備充顧問，考數月內薦舉之多，為國朝所未見，上之求才若渴如此。

第七章　破格用人

資格用人，至國朝而極矣。漢人舉孝廉爲郎，擢議郎爲守，入朝即可爲三公，我朝則御史九轉乃致五品卿，侍郎則左右遍歷乃能陟都憲，編檢郎曹十餘年乃得補缺開放，若循資久者皆至大僚，以是士氣易萎。夫漢武帝明太祖擢用英豪，皆有不次之擢以勵士氣，故人人有進取之心。皇上於袁昶、岑春煊一言，皆超授藩司，王照不畏強御，則以主事而擢四品卿。江標督湖南學政唱新政有聲，則擢四品卿。黃遵憲官湖南有聲，則擢三品卿，使日本。鄭孝胥召見稱旨，則由同知超授道員。若四軍機，則楊銳以內閣侍讀，劉光第以刑部主事，譚嗣同以知府，林旭僅以會試舉人中書，並授四品卿，參預新政。參預新政者，實爲宰相矣。其徐致靖、王錫蕃以少詹學士作署禮部侍郎，固爲超授，即李端棻以倉督授禮部尚書，尚是超擢，以禮尚多由兵、刑、工三部推移，無有由侍郎上擢者也。若袁世凱之由按察使擢侍郎，吳懋鼎、端方、徐建寅以道員擢三品卿，皆不吝通爵顯官，以待天下之士。令士氣聳動，人人有拔用之望，相與講求。即康有爲以主事召見，已爲咸豐以來四十餘年未有之創舉，若以主事專摺奏事，尤爲國朝曠典所無，其破格以待天下之士，實有漢武帝明太祖之風。高武遠蹠，可以爲開創之規模焉。

第八章　明罰敕法

二品大臣以上，向請命於西后，上無權焉。然明罰敕法，尙有雷霆振厲之風，以壅塞言路之故，盡褫禮部全堂尙書侍郎六人，逐敬信李鴻章出總署，實有大明黜陟之力，無權猶如此。若有全權，則守舊迂謬之人，必難偷惰取容者矣。榮祿深畏英明，自恐不保，故及於難。然深宮隔絕，無人與謀，不知外事，但觀英斷，已合武人志剛之義，可以見英絕之才矣。

第九章　用人不惑

皇上信用英賢，不搖於疑謗。翁同龢爲上二十餘年之師傅，尊信固矣。康有爲以一新進小臣開保國會事，潘慶瀾、黃桂鋆、李盛鐸三人言之，上不及問召見一次，而尙書許應騤，御史文悌疊攻之，上皆不惑，且因此而罪許文，大學士孫家鼐亦有言，其餘讒謗之說，或誣其自爲教主，自爲民主，不可聽聞，上皆不惑。湖南舉人曾廉請殺有為，又誣引梁啓超言行一切民主民權之說，加誣以《揚州十日記》攻滿洲之言，上非徒不惑，尙慮西后見折而怒，特命譚嗣同條條議駁，長至千餘言，乃以折呈西后。及西后聽謠謗欲害有為，上即促令出上海以俾之行，其曲折保全之意，絕出人意表，又非徒不為讒間所入而已。湖南撫臣陳寶箴、學臣江標、臬臣黃遵憲、紳士譚嗣同，皆為湖南舊黨士大夫攻，都御史徐樹銘、御史黃均隆前後劾之，其後劾者疊起，上非徒不問，江黃皆超擢京卿，陳寶箴又特旨嘉獎，於是言者少息。上之用人不疑如此。

第十章　從善如流

士無貴賤，凡有獻納，莫不降旨立行，從善如轉圜，九十日中，親政無數，去數千年之積弊，雖向來英君令辟，臨政數十年，可書之事，未有皇上九十日之多者，豈非絕世間出之聖主哉？

第十一章　儉德謹行

皇上向來儉德，歲費數萬金，御案破而不修，案上黃布舊而不換，地或無氈。西后之宮，日興土木，而上御之殿，破壞不少修，即文華殿常見外國使臣，而塵舊不堪，不加塗黝，內務府惟知媚西后，不顧上之服御，上亦不問也。西后日縱嗜欲，日日傳戲。上雅不好妃嬪，僅珍瑾二妃，瑾妃死矣，今僅珍妃一人，太監寥寥。上絕無他嗜，目不邪視，足不妄行，口無妄語，惟好讀書，間及西國新式精奇器物，以考其製造之奇而已。蓋儉德端行，出自天性也。

第十二章　好學強記

皇上聖德睿明，學問淵深，樞臣某公曾語予曰：「上性強記，閱奏折極敏速，偶有奏折稍少之日，即端坐追思舊折。有及數月前數年前者，樞臣皆忘之，上猶能指出某人所奏某事，故樞臣多以此被譴責。」梁啓超所著《變法通議》，進呈兩日，梁啓超召見，上發出其書，令訂正漏誤，皆粘出片紙，其精細勤敏如此，有為進呈之《日本變政考》，連日被促，一冊甫上，閱日即催，蓋讀書之敏可見，蓋所從之師傅，學問深博，故上之文學本源極厚，書法鐘顏，端厚渾樸，詩文極雅。（今上諭多上親筆，丙戌會試，傳誦齋官御制詩已極雅，外論疑上之文學，或言及遊戲之事，皆李蓮英欲傾上造謠，以散人心，無是事也。）上退朝之暇，手不釋卷，絕無嗜好，既無權則惟以讀書爲事，故讀書極多。昔歲無事，旁及宋元版本，皆置懋勤殿左右，以及漢學經說，並加流覽。及膠旅變後，上怒甚，謂此皆無用之物，命左右焚之，太監跪請不許，大購西人政書覽之，遂決變政。（上焚宋元版書事，多有議上之太過激者，太監多走告西后，以上講西書，又謂上入西教者，謠謗紛紜，然從古英主剛決多如此，焚雉裘以戒奢，破釜舟以作勇，豈能議其暴殄天物乎？偶一舉事以著其發憤之心，正以見蹈厲之意也，守舊者以常例訾之，何足算哉？）

第十三章　養晦潛藏

自歸政後十日，上不甚決政事，大臣或謂上性質弱，明而不英，多誤信之。及觀新政之行，督責大臣，推布新政，日新月盛，及黜權奸壅蔽之罪，擢通達英勇之士，施破格之賞罰，若雷動而雨注，於是知昔者不決政事，蓋以事權不屬，養晦待時也。今以英明一露，即被廢立，然後知上十年來之忍辱養晦，爲不可及也。

第十四章　特善外交

中國夷夏之戒，從古極嚴。自宋人敗割於金，汴京屢破，二帝蒙塵，飲恨吞聲，胡安國之傳春秋，專發此義。而大地未通，未知萬國別有文明一例，以匈奴突厥視之，此守舊諸人之心識，所以不肯變法，而傲侮強鄰，不通外交者也。上博覽西書，深通萬國，意存平等，親視友邦，其文明之國，尤能重視，獨明大局，破棄小嫌。日本新有割台灣之事，國人咸疏惡之，而上知其變法文明，昔急自立，今欲親好，於黃遵憲之東來，親以朱筆改定國書，爲同洲至親至愛之國六字。德主之弟親王軒利來覲，群臣斤斤爭典禮，上獨曰：不必爭小節，失大局，許賜之坐。起立見之，親與握手，此國朝所未有。非德人所爭，而上自定之者。暨日相伊藤博文來遊，請覲，上亦賜之坐。朝鮮故吾屬國，經事後，聽其自立，然以舊體不肯與通國書，上亦慨然許之，廷臣擬國書猶靳其稱，稱爲朝鮮國主，上親改之，還其帝號。

其不計小節，能親外交，破舊日疏傲之虛文，而務行保國愛民之新政，以國之自立，在此不在彼也。

第十五章　愛民忘位

中國以孔學教士夫，以老學治國，二者相持二千年。其務施仁政，除苛虐以惠民生者，諸儒日持經義，爭之於朝，而積久歷漸，以有寬政及今日之民者也。然自韓非倡督責術私國愚民術，而秦用之，漢人從之，後世帝王皆以私國愚民督責術爲傳子孫秘策，外雖間施孔學大義以結民心，實皆欲固權位以箝制其下，故雖知有開民智聽民議之善政而不欲行。夫以四萬萬之民，二萬里之地，而弱至此，惟愚民之故。皇上蒿目時艱，殷憂危亡，亟亟變法，群臣言者除大乖謬無不立從，大學士孫家鼐病之，諫曰：「方今外患殷迫，誠不可不變法，然臣恐變法後，君權從此替矣。」時各報多有言民權者，上又欲開議院，故孫家鼐言及此，上曰：「吾變法但欲救民耳，苟能救民，君權之替不替何計焉。」嗚呼！皇上無私其位之心，但有救民之志。雖堯舜之聖，豈有加諸？又議院者皆各國之民以死爭之而後得，俄羅斯之民以死爭之百年而不能得者，而我皇上乃自欲開之，好善如不及，而無一絲毫之私心。上諭有一民不被澤，聯躬未爲盡職，又有使天下知其君之可恃語。嗚呼！至公至仁，孰有若我皇上者乎？后以臣下言民智未開，守舊太多，開議院則益阻撓新政，上乃悟曰：待後數年乃行之。然命眾至庭，謀及庶人，闢門籲俊，合宮總章，明堂之良法美意，上固已躬先之矣。